THE 7 DAY STARTUP

You Don't Learn Until You Launch

ダン・ノリス＝著

平野敦士カール＝訳

7日間起業

ゼロから最小リスク・
最速で成功する方法

朝日新聞出版

7日間起業

ゼロから最小リスク・
最速で成功する方法

THE 7 DAY STARTUP. YOU DON'T LEARN UNTIL YOU LAUNCH by Dan Norris

Published by special arrangement with 2 Seas Literary Agency, California
and Tuttle-Mori Agency, Inc., Tokyo

訳者まえがき

平野敦士カール

「これはすごい本だ！　今年読んだ本でベストの本だ。さすが米国のアマゾンベストセラー1位（起業本）になった書籍。どうしても日本に紹介したい！」

私はいつも電子書籍で海外の書籍をチェックして、面白そうな本はすぐにダウンロードして読んでいる。そこそこ面白い、あるいはためになる本は多くあるが、本書を読んだ時には思わず口に出して冒頭の言葉を発してしまった。すぐに著者のダン・ノリスにメールを出した。ほどなくしてぜひ日本に紹介してほしいと返信があった。その後、出版社に連絡、こうして日本語版を出せたことがとてもうれしい。まさにインターネットの時代だからこそ実現できたと思う。

なぜ、私がここまで本書がすごいと思ったかについて簡単に述べてみたい。

私は、日本興業銀行・NTTドコモという大企業に20年以上勤め、ベンチャー投資も役員と

Foreword
by Carl Atsushi Hirano

して担当してきた。幸い投資先は約4年間で10余社上場することに成功。その後、ベンチャー企業の経営に参画、さらに私自身も独立をして今日に至っている。

つまり大企業、ベンチャー投資をする側、ベンチャー投資を受ける側、さらに独立起業というそれぞれの立場を経験してきた（だからこそ、本書の真価がわかったのかもしれない）。

しかし、これまで数多くの成功した新規事業プロジェクトに関与する中で、一つだけ大きな悩みがあった。それは、多くの企業や個人とともに新規事業のアイデアを策定しても、それがなかなかタイムリーに実現されないことだ。

つまり、本書でいう「ウォントレプレナー」からの脱出ができない人の存在だ。ウォントレプレナーとは、「起業家になりたいなりたい！」といつも思い、セミナーに参加したりイベントに参加して「ネットワーキングが大切だ！」と勉強会に参加し「実行が大切だ！」と言っているのに「絶対実行しない人」のこと。

本書はまさに私の長年のそうした悩みを一蹴するものだった。「ローンチしてから顧客に聞け！　ともかくやっちゃえ！」という非常にシンプルな回答だったのだ。

もちろん「本当に7日間でできるのか？」という疑問はあった。しかし、本書では筆者のダンが14年連続して起業に失敗して、最後の7日間でついに億万長者起業家になった経験と、そこから導き出されたフレームワークが提供されている。起業に関する本はほとんど私も読んでいるが、多くは投資家の視点から書いた本や、いかに困難を乗り越えたかの成功論、学者の書いた整理術が多い。本書はそれらとは一線を画する。

本書が秀逸なのは、筆者が実際にどのように起業したのか、どんな点にフォーカスするべきなのか、そして何をするべきではないのかについて、自身の失敗に基づいて明確に示している点だ。たとえば、私自身も独立の際に社名をどうしようかと随分悩んだ。最後は携帯の名前占いをやってみたりもした。しかし筆者は社名などいつでも変えられるから、ともかく「サービスをローンチして有料顧客を早く獲得しろ！」と叱責《しっせき》する。まさにその通りだと実感している。

筆者は「スティーブ・ジョブズを目指そうとするな、はじめから完璧なサービスは望むな」という。はじめての起業であれば、「自分が嫌いでない、独自性がある、人がお金を払うこと」をやれと提唱している。ビジネスモデルは重要で、継続的に課金できるアセット（資産）化が望ましいとしている（ソフトバンクの孫正義氏が若いころから通信事業をやりたいと周囲に話していたと聞いたことがあるが、月額課金モデルの秀逸さを見抜いていたからだろう）。

さらに筆者は、システムも完璧なものをつくる必要はなく、ユーザーからみて必要なものを実現できればいいとする。たとえば24時間応答サービスも通常は相当な人員の雇用やシステム開発が必要になるが、筆者はとりあえず自分ともう一人だけで必死になって対応したと書いている。システムがなくてもマニュアルで対応できるのだ。お金を払ってくれるユーザーが増えてきたら、そのときに開発をすればよいのだ。

結局、顧客の満足を得ることが一番大切であるにもかかわらず、起業家は意外とそれを忘れてしまっている。サービス前のアンケートで多くの人が「サービスがローンチされたら有料顧客になりたい」と回答していたが、結局ひとりも有料顧客にならなかった経験を筆者は吐露している。アンケートや推測は所詮《しょせん》そのようなものでしかない。それらに時間とお金を使うのであれば、ともかく小規模でよいから始めてしまって、軌道修正すればよいのだ。この考え方は「リーン・スタートアップ」として普及しているが、本書ではそこで陥りやすい間違いについても的確に指摘している。

具体的な「7日間起業」の手順は本文をお読みいただくとして、この手法はアメリカの「ダイレクト・レスポンス・マーケティング」の方法と言っていいだろう。日本でも数年前からネットビジネスの世界で使われる「プロダクトローンチ」と手法は近いが、それをリアルビジネスに適用している点が最も注目に値する。本書では、コンテンツマーケティングを軸にリード(見込み客)を獲得して実際にお金を払ってくれるユーザーへと変化させるための具体的な手法が記されている。

そこではワードプレスの活用、メールマーケティング、コピーライティングの重要性、さらにウェブ解析による改善といった、あらゆる企業――とりわけ小さな会社――にとってほとんど無料で実現できる方法が紹介されている。

再びデフレに戻りつつある日本経済を再生させる一つの重要な柱が独立起業だ。年金もあてにならない今日、あらゆる人が楽しく働く人生を送れる世界が来ることを願っている。ぜひ、本書を基に実際に7日間で（あるいは数週間で）ビジネスを立ち上げてみてほしい。

なお本文中に記載されているURLなどの情報はすでに変更になっているものがあるため、適時修正を行っている点をご了承いただきたい。また、本書ではさまざまなアメリカのサービスが登場し、脚注ではそのサービスのURLを紹介しているが、もちろん英語だし、残念ながら停止したサービスもある。このため、日本人のために参考になるサービスは私のブログ（http://ameblo.jp/mobilewallet/）やFacebook（https://www.facebook.com/carlatsushihirano/）でもご紹介していくのでチェックしてほしい。

また、本書では繰り返し http://7daystartup.com/ に掲載されている資料に誘導する文面が出てくるが、原著執筆時と状況が変わり、登録が必要で内容も変更になっている。参考程度にアクセスしてほしい。

7日間企業

Contents

序文

私が最初にダン・ノリスを知ったのは、彼が「スタートアップのためのローンチ前トラフィック誘導13戦略[*1]」へのゲスト寄稿をメールで依頼してきた時だった。

いや、待てよ……そうじゃない。実際に、私が初めてダン・ノリスを知ったのは、トロピカルMBAポッドキャスト[*2]で司会がダンの（今はなき）スタートアップ、Inform.lyに触れた時だった。

うーん……それも違う。たしかダンが彼のポッドキャストをローンチ（世に送り出す）した時だったか……いやブログか……メルマガか……それとも彼がジェイソン・カルカニスの「今週のスタートアップ[*3]」のゲストとして出演した時だったか……そろそろお気づきだろうか。ダン・ノリスは極めて活動的である、というおそるべき真実に。

事実、ポッドキャストとブログを配信しながら（私のものを含めて[*4]）他の人のポッドキャストに出演するダンのすさまじいやる気と行動力を持つ人物はほとんどいない。私はこの点に関して彼を常に称賛している。

Foreword
by Rob Walling

このやる気と行動力こそが、粘り強さ、ピボット（方向転換）、大胆な力強さによって数々の失敗したスタートアップの試みをくぐり抜け、WP Curve の目覚ましい成功に彼を導いたのである。さらに、彼は最初の顧客を見つけるまでの期間を6カ月から7日間に短縮することに成功した。

私は数年間、ポッドキャスト[*5]、ブログ[*6]、スタートアップ会議[*7]、そして私の最新のスタートアップ[*8]を通じて、数多くのアントレプレナーたちと協働してきた。疑問の余地なく、人々が犯す最も大きな間違いは、自身のアイデアに固執し、彼らのプロダクトにお金を払う意志を持った人々を見つけることに十分に注力しない、ということだ。

本書『7日間起業』は、ダンがさまざまなアイデアを次々とローンチしては打ちのめされてきた経験に基づいている。本書は、あなたがまったくのゼロから有料顧客を7日間で見つけることを可能にするよう設計されている。ここに抽出されたレッスンはさまざまな関連するストーリーや実践的なTIPS（ちょっとしたヒント）を通じて提示され、あなたが可能な限りすばやく起業できるよう構成されている。あなたはこう思うだろう。「7日間だって？　彼は忙しすぎて頭がイカれてしまったのか？　アイデアから起業まで7日間なんて、そんなことできっこない」と。その点に関して、私からあるエピソードをご紹介しよう。

私がダンにインタビューした時、私もまた7日間でアイデアを具現化し得るということに疑問を抱いていた。私自身のスタートアップ、メールマーケティングサービスであるDrip[*9]は、想像し得る最低限の機能だけでローンチするまでに数カ月もかかった。私の疑念に対するダンの回答は、次のようなものだった。

「資金のないアントレプレナーによるゼロからの初めてのスタートアップ（新領域の事業）として、Dripがいいアイデアか否かは検討する余地があると思う。（私の本には）良いアイデアのさまざまな基準を挙げているが、その一つに『構築とテストがすばやくできること』というのがある。Dripは経験を積んだアントレプレナーの3つ目か4つ目のアイデアとしてはいいと思うけど、初めてのスタートアップとしてはそうではないかもしれない。その手のサービスを構築するのはたいへんで、競合も多い」

おっしゃる通りで。

あなたが3度目か4度目のアントレプレナーなら、そろそろピンとくるものがあるだろう。それ以外の人は、彼に耳を傾けることで、多大なアドバイスが得られるだろう。よい旅を。

ロブ・ウォーリング

2014年8月 カリフォルニア州フレズノにて

*1 Dan Norris, "Case Study: 13 Pre-Launch Traffic Strategies for Startups (Part 3 of 3)," Software by Rob, accessed August 23, 2014, http://www.softwarebyrob.com/2012/11/06/case-study-13-pre-launch-traffic-strategies-for-startups-part-3-of-3/.

*2 "Location Independent Entrepreneurship," TMBA, accessed August 23, 2014, http://www.tropicalmba.com/.

*3 Jason Calcanis, "Episode: 297: All Ask Jason - TWiST #297," TWiST video, 1:12:29, October 16, 2012, http://thisweekinstartups.com/all-ask-jason-twist-297/.

*4 "Episode 183 | 5 Startup Rules to Live By with Dan Norris," Startups For the Rest of Us, accessed August 23, 2014, http://www.startupsfortherestofus.com/episodes/episode-183-5-startup-rules-to-live-by-with-dan-norris.

*5 "Startups For the Rest of Us," Startups For the Rest of Us, accessed August 23, 2014, http://www.startupsfortherestofus.com/.

*6 Rob Walling, "Lessons Learned by a Solo Entrepreneur," Software by Rob, accessed August 23, 2014, http://www.softwarebyrob.com/.

*7 "MicroConf - The Conference for Self-Funded Startups and Single Founders," Micropreneur Academy, LLC, accessed August 23, 2014, http://www.microconf.com/.

*8 "Drip: Email Marketing Automation for Visitors, Trials and Customers," Drip, accessed August 23, 2014, https://www.getdrip.com/.

*9 "Drip: Email Marketing Automation for Visitors, Trials and Customers," Drip, https://www.getdrip.com/.

Chapter

1

You Don't Learn Until
You Launch

ローンチしなければ学べない

「成功を喜ぶのもいいが、
失敗から得られたレッスンを忘れないように」
ビル・ゲイツ

2007年、私は最初のビジネスの1年目に取り組んでいた。ハネムーンからとんぼ帰りして、私の書籍『考えて、リッチになる（Think and Grow Rich）』を仕上げた。それは向こう12カ月間の財務的な目標を設定し、それを毎日口に出して言ってみる、ということをアドバイスした書籍だ。私は自分の1年間の報酬を10万ドルと設定し、ビジネスの収益からそれを私自身に支払おうと考えた。その時点で確保できたのは最大で4万ドルで、前年に前職で稼いだ金額のおよそ半分の額であった。

私は2007年の1年間を通じて、毎日自分自身に設定した目標を言い聞かせた。しかし、ゴールは達成できなかった。目標の半分も達成できなかったのだ。2007年だけでなく、2008年、2009年、2010年、2011年、2012年と、私の報酬は限りなくゼロに近くまで下降していった。

2013年6月、私はスッカラカンになり、起業を諦め職探しを決意するまで2週間を残すのみであった。当時住んでいた地域での限られた就職情報を斜め読みしながら、私は家族で街に引っ越しすることを検討した。この14年間、私は自分をアントレプレナーと思っていたし、この7年間、事業主としてビジネスのローラーコースターを乗りこなしてきたと自負していた、というのにである。

いったい、何がマズかったのだろうか？

最初のビジネスアイデア

2000年当時、私は長髪の20歳で、大学でビジネス学位を目指して奮闘していた。落とした単位を補うための選択コースを選ぶ必要があった私は、うんざりした気分ながらもふいに「アントレプレナーシップ」という主題に目を引かれた。

自分でスタートアップを起業して成功する。なんて素敵なことだろう！

そのコースの課題は、ビジネスアイデアとその実行プランの作成だった。起業と経営について学ぶコースを一つくらいとっておいても損はない、と私には思えた。それこそ私が学んできたことではないか。

当時ウェブのサーチエンジンといえばDogpileかHotbotだったが、検索結果は芳しくなかった。イケてるネタはすべて図書館にあったのだ。ある日私は『究極人事マニュアル(Ultimate HR Manual)』という刊行物を見つけた。人事専攻の私は、その本をかつて一度も利用したことのないカエルの解剖学の書架から取ったカビ臭い本の山に隠して持ち出そうとしたが、そのまま私は図書館を出ることさえ不可能となった。その本はあまりにもおもしろかったのだ。

そのマニュアルには人材管理におけるあらゆる秘密の英知が記されていた。雇用と解雇、すばらしい才能のリクルート、変化への対応、チームの編成、そしてトレーニングの方法。それはまさに人事の聖杯というべきものだった。選択コース課題としてビジネスアイデアを求めていた私に、そのマニュアルがひらめきをもたらした。

これをオンラインコンテンツにすれば、どうだろうか？

事業主に対して、職務概要、雇用調査、人事監査、トレーニングプログラムを含む、人事に関するベストプラクティスに必要なあらゆるフォームとプロセスへのアクセスを提供するウェブサイトを構築できる。これはかなりイケてるはずだ！

こうして、私の最初のビジネスアイデアは誕生した。

続く6カ月間、私はアイデアを整理し、コンテンツに含めるトピックの選択、文書の提供方法、課金方法、さらにライターの雇用について検討した。これは私にとって億単位のお金を調達するはじめての記念すべき事業となるかに思えた。人事担当者はすでに数千ドルを関連サービスに支払っており、彼らが必要な文書群に対して数百ドルを支払うことはたしかなことのように思えた。私が調べた限りにおいて、同様のサービスはまだ存在していなかった。

私は自分のプランを誇らしく思っていた。それはよくまとまっており、緻密《ちみつ》で、徹底していた。高く評価されることを期待しつつドキドキしながら課題を提出し、結果を待ちに待って……その日が来た。評価はA。やったぜ！

唯一、残念な点は、そのビジネスを実際にローンチしなかったことだ。

たしかに私は、多大な時間を図書館で過ごし、骨身を惜しまない調査の後にすばらしいビジネスプランを組み立てた。しかし、ビジネスを実際にローンチすることはコースの評価基準には含まれていなかったからだ。

後から考えれば、タイミングは完璧であった。私はこのアイデアを最初のドットコムクラッシュの直後に思いついたが、同様のサービスは数年後に主流となった。人的資源管理の資料と規約サンプルは今や簡単にオンラインで参照したり購入したりできる。後知恵ではあるけれども、もしローンチしていれば数百万ドルから数千万ドル規模のビジネスになっただろう。もちろん、何もたしかなことはない。ビジネスをスタートさせた後に何が起こるかを予言することは誰にもできないのだ。長期プランと詳細な資料に大した意味はない。ほとんどの場合、ビジネスは当初の予定とは大幅に異なったものとなる。今日では、それはピボットと呼ばれている。

私はこのビジネスを実際にローンチしなかったという失敗から、非常に価値ある学びを得た。それは「ローンチしなければ学べない」ということだ。

はじめてのビジネス

「ビジネス」という語は、さまざまな人々にとってさまざまな意味を持つ。たとえばあなたが芝刈りサービスのフランチャイズ権を買い取れば、それはビジネスである。しかし実際のところは、あなたは自分自身で芝を刈るのである。アントレプレナーとは、あなたにフランチャイズを売る人の方だ。彼らはメモ書きから、極めて不確定だが多大な見返りのポテンシャルがあるものを生み出す。

２００６年、26歳だった私は十分な社内評価を獲得し、いよいよ自身のビジネスを準備することになった。私は同僚に、30歳までに億万長者になりたい、と宣言した。当時の私のビジネスアイデアは、ウェブサイト構築サービスであった。ウェブサイトのつくり方を知らず、ＩＴ（情報技術）の知識もないことなどまったく気にも留めず、自ら実践の深みに身を投じて、読書と実際の業務によってすばやく知識を学んでいった。クライアントに「ＡＳＰ（アプリケーション・サービス・プロバイダー）を使ってウェブサイトを構築できるかい？」と問われれば、自信たっぷりに「イエス」と答え、それからGoogleでＡＳＰとは何かを検索してから、仕事に取り掛かったものだ。

最初の頃は、すべてがうまくいっているように見えた。最初の1週間で一つのプロジェクトを納品完了し、最初の1年の売上4万ドルを稼いだ。100万ドルにはほど遠かったが、1年間も続けられただけで、気分は上々だった。

2年目は、およそ8万ドルを売り上げ、3年目は10万ドル超えの目標達成を成し遂げた。その時点でオフィス、従業員、サーバー、電話システム、数百もの顧客となお殺到する見込み客を得ていた。私はまさに億万長者への道の途上にあった。少なくともそう思えた。

しかし大きな問題が一つあった。

このビジネスはもうからなかったのだ。

1年目も7年目も、その間のどの時点でも、だ。私は30歳までに億万長者になることはできなかった。友人たちが皆前進している中、私は後退していた。30歳時点で、毎日なんとかやりくりし、借屋暮らしで、知人の誰よりも低収入だった。状況は好転する前に、悪化していった。

このままの状態では、売上額を増やしても収益性の向上はできないと悟った。このビジネスは成長していない。私はなんとかうまくやるためにあらゆること——文字通りあらゆること——を行った。しかし何をやっても状況を変えることはできなかった。

時に2万ドルの受注に成功したかと思えば、1万ドル分の請求を踏み倒されたり、不適切な人物を雇ったりなどの失敗が続いた。ビジネスはまったく不安定だった。

私は最低限の収益を確保するために、4万ドルで別の会社を購入した。売上は4万ドル向上したが、コストも同様だった。

気難しい顧客をなだめるため、毎年クリスマス中も働いた。孤独にさいなまれ、モチベーションと自信を失い、知人や同僚とも距離を置くようになった。皆に大きく期待され、私も大きく期待し、失敗するなどまったく思いもしなかった。状況の好転を予感させる兆候はたびたびあったが、いつも何かがうまくいかず、ふたたび尻もちをつかされるということが続いた。いつでも、いつまでも、そうだった。

私は自分の判断に自信を失い、さまざまなセミナーコースを受講した。それらがビジネスの問題を解決することを期待したが、どれも失敗に終わった。7年が経過した後、年間の売上は18万ドルに達したが、収益はまだ4万ドル前後で、当初の目標である年収10万ドルには遠く及ばなかった。

最終的に、これは私の手に負えないと認め、ビジネスを売却した。何か新しいことを始めるために。

今度は、さらに全力を注いだ。リアルな何かをつくりたかった。目覚ましく成長するスタートアップだ。四苦八苦してもがいた揚げ句にようやく成功するか否かというビジネスモデルはなしだ。もう後がないのだから。

はじめてのスタートアップ

最初のビジネスを売却して、向こう12カ月分の資金は確保できた。これで軌道に乗せることができなかったら、街を出て職を探さなければならないだろう。おそろしかったが、今度こそうまくやる自信があった。

今度はどうするべきか、私にはわかっていた。もっと大規模で、スケール（拡大）する事業だ。私には4つのアイデアがあった。

1 大きめの植木鉢を支えることができるスタンド。ある友人がそれを探したが見つけられなかった、と教えてくれた。

2 サーファーが地元のスポットにチェックインできるアプリ。サーファー向けのFoursquareのようなもの。

3 ウェブサイトオーナーがキーワードごとにSEO（検索エンジン対策）を発注できるSEOアプリ。

4 アナリティクスダッシュボード。あらゆるウェブ分析データをシンプルに統合したもの。

プロダクトデザインや製作にはまったく勘どころがなかったので、植木鉢スタンドはナシ。サーフィンアプリは利益を上げる見込みがないので、これもナシ。SEOアプリをつくり始めた時、Googleが新しいルールを発表し、単純なリンク数により評価を稼ぐ方法が無効になった。

三振。

というわけでアナリティクスダッシュボード案が残り、それに取り組んだ。当初それはWeb Control Roomと名付けられ、後にもっとスタートアップらしい名称に変更した。

12カ月間、ほぼほぼ好調な手応えを感じていた。ウェブサイトには良好なトラクション（牽《けん》引《いん》力）があり、たくさんの無料サインアップがあり、定期的にメディアに注目された。すばらしいチームとともに、ユニークで使いやすく、悩ましい問題を解決する——少なくともある人々はそう評価した——アプリをつくりあげた。

あらゆることを試した11カ月間の後、毎月476ドルの収入に対し2000ドル超の支出という状況となった。私は前ビジネスで得た資金を使い果たし、破産まで2週間を残すのみであった。私は職探しを始め、どれくらい市街中心に戻れば仕事があるだろうかと思案した。

私はふたたび失敗したのだ。今回の失敗は、再起不能に思えた。

7日間で成功

すべての終焉《しゅうえん》まで2週間を残すのみとなりつつも、私は最後の希望を抱いていた。これが私の最後のスタートアップの試みになるだろう。前2つのビジネスから学んだ多くの知恵を、新しいアイデアに注ぎたかった。しかし今度は7年や11カ月といった猶予はない。その週末には、アイデアへの関心を引き寄せるか、すべてを手仕舞いして職探しを始める他ない。アドレナリンを最大限に分泌しながら、私が通常ビジネスを計画する時に踏む手順の多くを無視して、有料顧客にリーチするためだけのことに集中した。

私が無視した手順は、

- **セクシーなアイデア。**私は問題を解決し、サービスを売りたかった。すばやく。
- **過去の失敗。**この14年間、多くの失敗をした。しかし自分の欠点を振り返って吟味する時間の余裕はない。
- **許可。**いつもはアイデアについて他人の意見、評価を求めたが、今回はない。
- **仮説。**仮説を立て、それをテストする時間はもうない。ローンチしなければならない。

- **瑣末《さまつ》なこと。** ロゴや名称、デザインをあれこれする時間はない。サイトは1日で構築する必要がある。
- **価格戦略。** とにかく価格を決め、顧客からその価格に見合った価値があるか否かについてのフィードバックを得よう。
- **完璧な決済システム。** Inform.ly（訳注：著者が過去に失敗したサービス）の決済システム構築には6カ月かかった。今回は、30分で開設できるPaypal（ペイパル）を使った。

土曜日、ワードプレス（訳注：CMS＝コンテンツ管理システム・構築ソフト）の小規模ながら無制限の24時間／年中無休サポートを月額69ドルで提供するWP Live Ninja（現在はWP Curveに名称変更）のローンチを決意した。土曜日の午後にはドメインネーム登録を完了、火曜日にはウェブサイトが公開された。水曜日、ローンチの告知メールを送信し、その日のうちに最初の顧客を獲得した。最初の1週間で10人の顧客と契約し、結果476ドルの月収を確保した。これは前のビジネスであるInform.lyの12カ月間で到達した月収に等しい。

大きな額ではないが、私の興奮は屋根をつき破る勢いだった！　これこそまさに人々が財布を開くサービスだった。ワードプレスの諸問題こそ、人々が対価を支払うべきやっかいな問題だ。それは巨大なマーケットでの月額課金サービスで、何かすごいことにスケールする可能性があった。

続く23日間でコストを回収し、1カ月も経たずにサンフランシスコ在住の共同創業者アレックスが合流した。職探しのための引っ越し計画は、遠い思い出となった。顧客が積極的に喧伝《けんでん》してくれたおかげで、我々は毎月15％の成長を達成し、13カ月後には474口の顧客と3万3003ドルの月額課金収益（MRR）を得ていた。過去の年収10万ドルを超えられたことも、私自身にとって重要だった。

1年後、WP Curve は私のかつてのビジネスが7年間かかってたどり着いた地点よりもはるかに進化していた。2倍の顧客、2倍の売上、より多くのスタッフ、より強いチーム、より低いコスト、よりシンプルなビジネスモデル、よりハッピーな顧客、そして4倍の収益。最も重要な点は、多くの可能性を含む大きな市場における成長率の高いスタートアップであり、リアルなビジネスであるということだ。我々は現在も毎月15％の成長を続けている。14年間の試行錯誤の後、私は急成長するスタートアップを経営するアントレプレナーになるという夢を実現した。

そしてそれは、たった7日間で成し遂げられたのである。

Chapter

2

What is a Startup?

スタートアップとは何か？

「スタートアップとは、極度の不確定性という条件下で新しいプロダクトやサービスを提供するためにデザインされた人的組織である」
エリック・リース

スタートアップの世界には嘘《うそ》つきが数多くいる。毎秒毎秒、誰かがインキュベーター（起業支援をする人）として名乗り出て、金を集め、ピボットし、イクジット（投資した資金を回収）し、スケールし、スタートし、失敗し、世界に向けて自分が成し遂げたと喧伝する。私が本書で「ビジネス」よりも「スタートアップ」という語を使う理由も、ここにある。

ビジネスとは、その創業者に報酬をもたらすもののすべてを指す。

この定義によれば、芝刈りサービスのフランチャイズを購入したり路面店をオープンしたりすることは、ビジネスだ。しかし、そのどちらもスタートアップではない。

スタートアップはもう少しエキサイティングなものだ。それは、

1 大きなインパクトの可能性
2 高いレベルでのイノベーション
3 高いレベルの不確定性

を含む。世界に打って出ようとしないローカルビジネスは、スタートアップとはなり得ない。ルールに縛られたフランチャイズも、スタートアップとは言えない。そのどちらも、大きなインパクトをもたらす可能性がないからだ。

エリック・リース（訳注：『リーン・スタートアップ』の著者で知られる起業家）はスタートアップを「極度の不確定性という条件下で新しいプロダクトやサービスを提供するためにデザインされた人的組織」と定義している。

だからといって、あなたがスタートアップを始める際にあらゆるリスクを引き受けなければならない、という意味にはならない。本書は、基本的にリスクを低減することについて書かれている。しかし、スタートアップにおいては、他のよりイノベーティブではないビジネスにある予測可能性、確実性はたしかに失われる。

イノベーションがなければ、スタートアップではない。これが多くのスタートアップが技術にフォーカスする理由である。

とはいえ、イノベーションはテクノロジーに限ったことではない。大きなインパクトの可能性と高いレベルのイノベーションによって、スタートアップは世界を変える能力を持ち得る。これこそが、あなたにビジネスではなくスタートアップの起業を検討してほしい理由だ。誰もが自分の仕事を生み出すことはできるが、誰もが世界を変えることができるわけではない。

Chapter

3

Idea, Execution,
Hustle

アイデア、
エクスキューション、
ハッスル

「結果は待つものに訪れる。
しかし努力するものだけがそれを手にする」
不詳

そこかしこのビジネス指南書で、スタートアップの起業に必要な事柄を簡潔にまとめることは難しいとされている。しかし、以下のなじみ深い格言を見直して見よう。

- **ビジネスにのめり込むのではなく、俯瞰《ふかん》せよ**――ゼロからの新しいアイデアにとらわれているのなら、それは不可能、非実践的だ。
- **拡散を最大化せよ**――リード（見込み客）がなければ意味がない。
- **成長を急げ**――顧客なくして実現は困難。

本書のゴールは、あなたをウォントレプレナー（アントレプレナー志望者）からアントレプレナーに、アイデアを持つ人からスタートアップを行う人に変容させることである。私は常にウォントレプレナーたちと、彼らのアイデアについて語り合っている。大抵の場合、彼らはお決まりのように上記3カ条のうち一つに失敗する。逆にいえば、成功するスタートアップ企業は上記3カ条をすべて満たしているのだ。

この3カ条をすべて満たすことのできる人物に、私は会ったことがない。これが成功したスタートアップの大多数が個人ではなくチームであることの理由の一つだ。自分自身に正直であれ。もし自分一人では3カ条すべてを満たすことができないのなら、共同創業者を探すべきだ。

アイデア

アントレプレナー界隈《かいわい》でよく知られる別の格言は、「アイデアはどうでもいい、エクスキューション（実行）がすべて」である。このアドバイスにはよく注意を払われるが、間違っている。エンジェル投資家の投資先リストに並ぶ話題のスタートアップたちや、Crunchbase（訳注：世界最大級のスタートアップデータベース）経由で資金調達した企業、あるいは成功したアントレプレナーの友人たちなどをよく見てみるとよい。彼らはいずれも、ユニークな価値を持つことに取り組んでいる。それは次世代 iPhone とまではいかないが、事業として離陸するために必要十分な注意を引きつける魅力的なアイデアである。

アイデアは重要だ。「7日間起業」では、アイデアを練るのに十分な時間として第1日目を捧げよう。

問題は、それはスタートアップを離陸させるために必要な3要素のうち一つに過ぎない、ということであり、ウォントレプレナーが彼らの時間リソースをそこですべて使い切ってしまうということである。あるアイデアについて徹底して議論を続けても、他の要素に直面した途端に、すべては無に帰す。アイデア検討に1日を費やし、ベストを一つ選んで、先に進もう。

エクスキューション（実行）

なにかしらメリットが見いだせるアイデアが定まったら、次はもちろん、それをエクスキューション（実行）しなければならない。本書では、事業をすばやくマーケットに投入することを重視する。アイデアの継続的エクスキューションは常に現在進行形のプロセスであるという事実から離れてはならない。

エクスキューションとは、自身のアイデアを世界で最も優れたアイデアとして提案する能力である

たった7日間で、自身のアイデアを世界で最も優れたアイデアと競合するレベルでエクスキューションすることは不可能だ。それは中期目標として設定するべきである。自己資産の持ち出し事業だしリソースがない、という言い訳は顧客の知ったことではない。

いずれにせよ顧客は比較し、選ぶだけだ。アイデアを競合他者よりうまく表現できなければ、顧客は競合他社を選ぶ。エクスキューションは、巨大なスタートアップ構造の外にある大きな課題であり、とても誤解されている。ブランドやウェブサイトを、内実の伴ったスタートアップと見せ感じさせることは、シンプルながら困難な課題だ。世界のトップクラスと同等に張りあえるようなエクスキューションが自身の手に余る課題と感じるなら、それができる共同創業者を探すべきだ。

ハッスル

最後の要素はハッスルだ。しかしなにも、私はコールド・コーリング（飛び込み営業）や「オフィスから飛び出せ」理論について語ろうというわけではない。

ハッスルとは、まさに今何をすべきかを徹底して追求することである

ハッスルとは、44のベンチャーキャピタルから42の「ノー」を返された、マルコ・ザパコスタ（ローカルサービスのマーケティングで名をはせたThumbtackの創業者）。

ハッスルとは、連続900回の否決を返されたセス・ゴーディン（訳注：パーミッション・マーケティング＝あらかじめ了承を得ている顧客に対してのみ販促活動を行う＝の提唱者）。

ハッスルとは、交流会で一目置かれるためだけに会社、ウェブサイト、名刺をつくったクリス・サッカ（訳注：Twitter, Instagram, Uber, Kickstarterなどに初期段階で投資をした起業家）。

スタートアップ初期のハッスルとは基本的に、最も顧客を引き寄せそうな行動に時間を費やすことだ。

つまり、ある人にとっては「オフィスを飛び出せ」戦略でもあるだろう。しかし、あなたにとって、あなたのスキル、あなたの顧客、あなたのビジネスによって、それはまったく違うことを意味するかもしれない。

私はコンテンツマーケティングに基づいてビジネスを構築した。最初の1年間で250の記事、1日に13の記事を書いてポストしたこともある。それらのコンテンツは今や、まったく広告を打たずとも顧客のトラフィックを生成するマシーンとなっている。

あなたの場合、それは交流会かもしれない。電話やメールでの営業かもしれない。知人のつてを頼ることかもしれない。いずれにせよ、今まさに直面している最も大きな問題を解決するために時間を費やすことが、最善の道である。

まだビジネスを始めていない場合、まずは起業しなければならないし、本書はその助けになるだろう。今日から7日間ハッスルすれば、それは成し遂げられる。他のことには脇目も振らず、徹底的に起業に集中しなければならない。起業した後は、あなたにお金を支払ってくれる顧客をより多く獲得する必要がある。顧客獲得のために、「なんとなく」の方法ではなく、最善の方法を徹底的に追求しなければならない。

ウォントレプレナーたちは「反ハッスル」を行う。彼らは必要なこと「以外」のすべてを行ってしまうのだ。延々とコーディングを続け、新機能を開発し、サイトを最適化し、新しい「世界を変える」アイデアを夢想する。彼らはスタートアップイベントに参加しアイデアを議論する。スタートアップ週末交流会に顔を出して新しいアイデアを発表する。彼らは行うべきこと以外のすべてを行うのだ。行うべきこととは、少なくとも、より多くの顧客を獲得することだ。

ある種の人々は、ハッスルに向いていない。

彼らはノイズをフィルターする方法を知らず、手当たり次第に取り組んで、根気強く不毛な努力を続ける。正直になろう。アイデア、エクスキューション、ハッスルのいずれかが自分に欠けているなら、その分野の欠落を埋める共同創業者を探すのだ。スタートアップを成功させるために、それは必要なのだから。

Chapter

4

Why 7 Days?

なぜ7日間で？

「すばやく動いて突破せよ」
マーク・ザッカーバーグ

13年間にわたる魂を削るようなアントレプレナーシップ（起業家精神）の学びを通じて、私の過去の多くの失敗の理由が明らかになった。私は実際のデータに基づくのではなく、推測に基づいて判断をしていたのだ。

- 他社を買収した際に4万ドルの利益が確定したと予測したが大きな間違いだった。
- Inform.ly をローンチした時には、もし私がすばらしい何かをつくれば人々はそれを買う、と推測していた。間違いである。
- Inform.ly の新バージョンをリリースした時、人々は調査結果に基づいて行動すると推測していた。またもや間違いである。

私が推測にとらわれずに判断した唯一の事例が、WP Curve である。その時、私は何かを推測する時間がなかった。すべての重要な決断は、ローンチ後に行われた。それらの決断は推測ではなく、顧客の行動に基づいてなされたのだ。

実際のデータから学ぶ能力は「7日間起業」を可能にする秘訣《ひけつ》である。テーブルから一切の推測を排除しよう。あなたが集中するべきポイントは、7日間でローンチすること、それだけである。

誤った検証テクニックを回避しよう

リーン・スタートアップ（訳注：仮説、実装、修正をすばやく繰り返すことで成功に近づく理論）のムーブメントは、人々がビジネスをシンプルな科学実験のようなものと考える原因となった。10万ドル分のプリセール（前売り、先行販売）がはければ、そこにたしかにニーズがあることがわかる。ランディングページをつくり、30％以上のコンバージョン（顧客への転換率）が得られれば、ビジネスの成功は間違いない。検証済み、というわけである。しかしそううまくいくのはまれだ。多くの場合、検証通りに事が運ばない理由を考えてみよう。

検証は、回答が明らかな「イエス」でない限り、うまく機能しない

スタートアップに関するありがちなストーリーは、たとえばこんな感じだ。

1 概説ビデオを掲載したウェブサイトをつくった。

2 それがバイラル（口コミで爆発的に広まること）した。
3 ヨットが買えたぜ！

Dropbox は Hacker News に投稿された3分間のビデオから始まり、わずか1日で7万5000人がサインアップした。現時点では100億ドル企業である。

1日で7万5000人のオプトイン（加入）を獲得できたなら、それは結構なことだ。しかしそうでなかった場合、それは悪いアイデアなのだろうか？ Hacker News における十分な信頼が足りなかったのかもしれない。人々がそれを理解できなかったのかもしれない。ビデオが良くなかったのかもしれない。ターゲットとなる人が見なかったのかもしれない。

現実には、ほとんどのアイデアはバイラルしない。直視しよう、あなたが次の Dropbox になれる可能性は低いのだ。これはゼロからの起業には特に当てはまる。

Eメール・オプトイン／ベータ・サインアップの合計は、購入意欲を表さない

Eメールへのサインアップ（登録）は、しばしばアイデアが「響いた」ことの証左と考えられている。私のアナリティクスダッシュボードの最初のバージョン（ベータ版）には、（3カ

月間で）1000人がサインアップし、1200人がローンチ告知のためにEメール登録をした。少ないように思われるかもしれないが、私のその前のビジネスでは2000人のEメールリストを得るのに5年かかったのだ。

私はまさに勝者になった気分だった。ある人がメールアドレスを登録するのと、毎月プロダクトに対してお金を支払うのでは大きな違いがある。私は常に、プロダクトをローンチした後にページのコンバージョンが下がる傾向を確認した。「お知らせ」を受けるためだけにEメールアドレスを登録するのは、たやすいことなのだ。新しいサービスにサインアップしてもらい、試してもらい、利用してもらうのはずっと難しい。

人々の「いいアイデアだね」はあてにならない

ジョエル・ガスコインはBuffer（訳注：SNSへの予約投稿をするサービス）の検証プロセスの一環として「リンクをツイートして、そのアイデアをどう思うか聞いた」。

Buffer検証プロセスについての彼のポストは、この検証から多くを読み取っていることがわかる。

「数人が使ってみて、Eメールを送ってくれた。いくつかの有益なフィードバックがEメールとツイッターから得られたので、『検証済み』と判断したんだ。エリック・リースによれば、それは私の最初の、顧客についての検証済みの学びだった」

本当だろうか？　ほんの数人の知人が「いいアイデアだね」と言ったから、それで「検証済み」だって？

最終的には、Bufferはグッドアイデアで、人々がお金を払いたいと思うプロダクトだった。だからといって、この検証テクニックは優れているのだろうか？　私はそうは思わない。

以下は、私がInform.lyを開発中に得たいくつかの意見である。

- 「これはいいビジネスだ」（スタートアップのベテランのジェイソン・カラカニス。彼にログインIDを送ったが、一度もログインしなかった）
- 「このメールでピンとくるかどうかはともかく、君は我々がすでにやっておくべきだった仕事に取り組んでいるんだよ！」（スタートアップ創業者兼出資者。結局、有料顧客にはならなかった）
- 「私たちが毎日悩まされている問題を解決してくれてありがとう！」「すごい！　私はいつも

これを使ってるし、まわりにもオススメしといたよ」（結局、有料顧客にはならなかった）

- 「http://inform.ly から新しいプラットフォームを試してみたけど、すばらしいね！」（結局、有料顧客にはならなかった）
- 「気に入ったよ。証言が必要な時は言ってほしい。私はずっとこれを待っていたんだ」（結局、有料顧客にはならなかった）
- 「ヘイ！ Inform.ly は驚きだよ！ なんて壮大なアイデアなんだろう。同じ場所からすべてを扱えるなんて」（結局、有料顧客にはならなかった）

これらのコメントはお願いしてもらったものではない。多くの友人たちがすばらしいアイデアだと言っていたし、お墨付きをくれた。彼らは自分の行動を予測することが上手ではなく、きっと買うだろうと思っても、買うと決めたわけではなかったのだ。

誰も知人の気分を害したいとは思わないものなのだ。

テック雑誌に掲載されてもあてにならない

Inform.ly の最初のバージョンをローンチした時、私は権威のあるテック系雑誌に取り上げられることを、個人的な検証ゴールとして設定していた。そのレベルでの確認がとれれば、何がしかのものにはなっているだろう、というわけである。なので The Next Web, Mashable, Startup Daily, Anthill, Startup Smart といったオーストラリアのテック系サイトに取り上げられた時は、ワクワクしたものだ。

- 私はコンシューマー向けアプリをつくった経験がない。
- マーケティングは主に自分のブログのみ。
- プロジェクト開始時、私はスタートアップ界隈のネットワークがなかった。
- 資金の調達も、共同創業者もないプロジェクト。

以上のことに鑑みれば、これらの媒体に掲載されたことはかなり画期的といえる。Mashable に掲載されたことで1万2000人のユーザーを獲得したという話を読んだことがあった。他にも掲載されているし、私はいよいよ勝者の仲間入りだ、そうだろ? 上記のトラフィックから何人の有料ユーザーを獲得できたか、予測してみてほしい。

ゼロだ。

図表1 | コンテンツマーケターへの質問調査結果

コンテンツマーケティングを計測しているか?

	合計	割合
ビュー数&エンゲージメント	28	37%
ソーシャル共有	20	26%
リード	9	12%
レベニュー	4	5%
人	4	5%

計測を可能にするツールがあれば購入するか?

	合計	割合
イエス	17	22%
ノー	16	21%
可能性あり	43	57%

ターゲティング調査はあてにならない

アイデアが「化けない」と悟ってから間もなく、私はコンテンツマーケティング用の解析アプリへとピボット(方向転換)する決断を下した。そして、今度は6カ月も開発に注力する前に、アイデアをしっかり検証することを固く決意した。私は優れたコンテンツマーケッターのリストをつくり、彼らに質問調査を行った。調査の目的は、以下の事項を確認することだった。

- コンテンツマーケティングを計測しているか?
- 計測を可能にするツールがあれば購入するか?

他にも「この機能を加えれば購入を考えるか？」といった個別の質問も含まれたが、結果は前ページの図表1の通り、明らかだった。

- 一般的に、コンテンツが十分機能して仕事が増えている時は、人々は重要な計測指標を計測していない。
- 60％は購入する可能性がある。
- 20％はたしかに購入する。

私は大きなニーズを掘り当てた、と思った。ローンチ後、ベータリスト上のほとんどの人はプロダクトを使用さえせず、誰も購入しなかった。公式ローンチ後、サインアップ率（ページ・コンバージョン）は前のバージョンを大きく下回った。3人が新バージョンを購入し、そのうち1人が1週間のうちにキャンセルした。残りの2人は実際には使用しなかった。私はこのプロダクトについては反省しなければならない。それは6週間で作るにはベストの結果であり、間違いなく改善の余地を残すものだった。しかしこの結果は当時の私にはショッキングだった。調査結果とこんなにもかけ離れているのは、なぜなのだろうか？

スティーブ・ジョブズが言うように、「人々は、それを目の前に見せてあげるまで、自分が欲しているものがわからない」ものだ。そして、逆もまた真なり、なのである。

人々は、財布を開かされるまで、自分が欲しないものがわからない

プリセールは欠陥実験

プロダクトが完成していない段階でプリセールに出すのは、うまくいっていないスタートアップの検証に対する答えとしてしばしば喧伝される。プリセールは、

- 早期割引購入を勧める。
- プロダクトの完成を待つ必要があるが、顧客にとっては得な取引であり、この約束を交わすことに満足する。

しかし、このアプローチがしばしばうまくいかないことにはいくつかの理由がある。

● この段階におけるビジネス上のゴールは、仮説の検証である。過剰に太っ腹な提案は、大幅にディスカウントされた状態で誰かが購入するか否かを検証することでしかなく、実際のプロダクトに対する検証はできない。つまり欠陥実験なのだ。

● 顧客はローンチに歓喜する。何度も繰り返されるプリローンチページのコンバージョンは高まり、それは実際のローンチ時よりも高い。これはプリセールにも当てはまる。〝近日公開〟ページで数人がサインアップしたからといって、そのビジネスの有効性が検証されるわけではない。実際のローンチ後、ビジネスを継続する勢いは失われている。その見地から、これはアイデアに対して資金を募る方法としてはいいが、ビジネスの検証手法にはなり得ないのだ。

● プリセールで購入する顧客は、最優良顧客だ。しかし彼らに1年（あるいはもっと長期の）プランを提供することで、あなたが成長するにしたがって、彼らの勢いは失われていくのだ。勢いは成功するスタートアップの重要事項だ。数え切れないほどのビジネスが、大げさなローンチキャンペーンのあと継続的な興味が失われてしまい失敗してきた。

実際のプロダクトを提供する前にお金を支払う誰かを想定することは魅力的ではあるが、自分が一体何をテストしたいのかを自分に問うてみるべきだ。ビジネスが構築できるか否かをテストするには、実際に構築してみなければならない。何回かの単発セールでは、ビジネスが成立するか否かを知ることはできない。

「検証」のコンセプトは単純すぎる

実際のところ、ビジネスは単純な科学実験のようなものではない。会社が成長するか倒産するかは、多くのファクターに左右される。「検証」はビジネスの好機を暗示するかもしれないが、もっと多くの要素が存在するのだ。

運が占める割合はかなり大きい。タイミングはもっと重要だ。アイデアを魅力的に売り込んだり、エクスキューションを行うチームを組織する能力もまた重要なファクターだ。「アイデア」と「成功するビジネス」の間には、「検証」しきれない、見落とされがちで巨大な深淵《しんえん》が横たわっているのだ。

世に存在する多くのアイデアは、すでに検証済みである。もしあなたのアイデアとまったく同じことを誰かがやって、それが成功しているなら、そのアイデアは検証済み、と言えるだろうか？ おそらく。しかし、同じアイデアであなたもまた成功するビジネスを構築できるだろうか？ 必ずしもそうではない。

これは、ゼロからの起業で限られたリソースしかない場合、特に当てはまる。「検証済み」はビジネスの成功を保証しない。プロダクト／マーケットがフィットしているからといって、ビジネスがうまくいくというわけでもない。プロダクト／マーケット／創業者のフィットはより好ましいが、ここまで言うとなんだか大学の課題みたいな、机上の空論のように感じられる。我々は皆、憶測の世界の住人なのだ。

推測はもういい。検証ももういい。ローンチせよ。

もっと効率的に

大学にいた頃、課題提出の前日には目覚ましいスピードで課題に取り組めることに気づいた。当初は、怠惰な学生のようなこの振る舞いをみっともないと思ったが、結局、習慣となってしまった。

課題が発表された日、私は図書館に行って10冊かそこらの課題に関連する本のコピーをとり、そして期日の前日まで課題に手をつけなかった。まさにその時になってはじめて、私は本を開き課題のテーマに取り組んだ。試験の時は、前日に詰め込んだ内容のほうが思い出しやすかった。つまり、私は尋常ならざる学習効率を誇っていたのである。

この戦略で、私は初年度は4科目のうち3科目を落としたが、最終年度は7点中平均6・5の好成績だった。そのため、私は成績優秀者として学部長リストに選ばれた。真偽は教授のみぞ知る、だが。毎晩こんなふうにはできないが、「尻に火をつける」戦略は、たしかにパフォーマンスを別次元にまで――少なくとも一時的には――高めるのだ。

それは研究によって証明されている。締め切りが近くなればなるほど、効率的に働ける。たっぷり時間がある時、人は重要だと思われるさまざまなタスクを積み上げても、実行しない、結果としてそれら重要なタスクのどれ一つも達成できない。タスクを開始する前に、脳はその最も困難な部分をイメージする。そしてそれをささいなタスクに分割して、実際の仕事だとシミュレーションしてしまう。

つまり、ロゴとウェブサイトの文言をめぐる大騒ぎに数時間も数日も費やし、プロダクトを売り込むという要点を忘れてしまうのだ。

アントレプレナーであれ

ウォントレプレナーは、アントレプレナーになりたいと願いながら年中 TED Talks（訳注：さまざまな分野の人物がプレゼンテーションを発表する場）に見入っては、決してローンチしないビジネスアイデアについて語り続ける。そんな人が身近にいないだろうか？　彼らは会うたびに、新しい億万長者ビジネスのアイデアや、Facebookについてザッカーバーグより自分たちのほうが3年早く思いついていたと悲しそうに語る。

彼らは、革新的なテクノロジーをもたらすアントレプレナーはむしろまれだということを理解していない。そうではなく、多くのアントレプレナーは小さな問題をとりあげ、その魅力的な解決策を見つけるまで死に物狂いで取り組む人々なのだ。

期日を決めて始めてしまえば、前進するのだ。

もしあなたが友達とビジネスアイデアについて話し合い、翌月もまた同じ内容を話し合っていたら、あなたはウォントレプレナーだ

アントレプレナーになりたいのなら、ローンチしなければならない。本書のアイデアに従うなら、今から1週間後には、あなたはアントレプレナーになっているだろう。

とはいえ7日間は短い

もちろんそのとおり。

たった7日でどれほどのことが達成できるだろうか。全体プランのすべてを具現化することは不可能かもしれないが、何かしらをローンチすることができる。ローンチできれば、お金を支払ってくれる顧客と対話を開始することができる。そうすれば、ビジネス上の繊細な判断を、憶測抜きでできるようになる。素早いローンチのためには、多くの妥協が必要であるということを、肝に銘じておこう。

7日間でローンチにこぎつけようと決めたなら、実際に何をローンチするかについて、考えが変わるだろう。本書では、7日間でのローンチを達成したあらゆる種類の企業の例を見ていく。その例にはサービス、ソフトウェア、製品、マーケットプレイスなどが含まれるが、あなたがすばやく簡単にローンチ可能な業種はこれに限らないだろう。とはいえ、まだ半信半疑だろうか？

- あなたのビジネスは、アマチュアのサービス、あるいはコンサルタントだろうか？　それなら、今すぐ誰かに電話して、彼らに助言し、支払いを要求してみればよい。

• プラグインやアプリをローンチしたい？　そのプラグインやアプリがなくても手作業でできること――少なくとも短期間なら――は何か？　どの機能なら省略してローンチできる？　実際の顧客と対話を始め、その結果に基づいて次の一歩を検討しよう。

• オンライン講座や会員制度を立ち上げたい？　それなら7日間でローンチ可能なテクノロジーがある。壮大なローンチ計画は、後に実際の顧客の行動に基づいた判断が可能になる時まで保留しよう。

• 実際の（物理的な）プロダクトを製作したい？　まずは他の誰かのプロダクトを売り、推測に基づいて行動するより、そのフィードバックを得るのはどうか？

これらの分野でビジネスを開始する人は、結局そのビジネスがいいアイデアではないという結論に達するためだけに、プランニングとエクスキューションに数カ月あるいは数年を費やす。7日間起業には、発想の転換が必要だ。従来、上述のようなアプリ開発などの分野はインキュベーターに赴きシード（設立準備期）の出資を得るのが王道だった。創業者はチームを組み、ローンチまで6カ月かけてプロダクトを開発する。しかし、それがヒットしなかったらどうなる？　ヒットしなかった理由の解明、そして無駄になったソースコードにまだ使える部分がどれくらいあるかを精査することにピボット（方向転換）することになる。

7日間起業の精神とは、7日間でローンチすることである。人々が求めているかどうか定かではないものをつくるのに費やす時間はない。7日間でやると決めたら、あらゆる推測を問い直し、実現する方法をみつけるのだ。

いや、絶対7日間では無理だって

もし本当に無理なら、何かが間違っているからだ。あなたがすでにいくつものビジネスを成功させ、今回も趣味の一つとして起業しようというのなら、正直に言おう、たぶんあなたに本書は必要ない。もしそうでないなら、なすべきことは、リスクを最小化し、推測に基づく作業に費やす無駄な時間を最小化することだ。テスト期間に6カ月を必要とするアイデアなら、なにか別のアイデアに乗り換えよう。本書はそのヒントになるだろう。

さぁ、気合を入れよう。今こそスタートアップをローンチする時だ。

ローンチまでの7タスク

本書はよくあるタイプのビジネス書ではない。「理想的なマーケットを見つけよう」「あなたのユニークな売り（USP＝ユニーク・セリング・プロポジション）を見つけよう」「エレベーターピッチ（提案）のススメ」といったお話を期待しないでほしい。それらは推測に基づく話であり、ローンチ前には無意味なものだ。ここではローンチまでの7日間で実際に行うべきことを概説する。とりあえず、ローンチまでに達成しなければならない事柄をみてみよう。

■1日目

アイデアを決定する。いくつかのアイデアを出し、その中からいいアイデアと悪いアイデアを（実際の顧客がまだいない状況で可能な限りにおいて）より分ける方法を後述する。

■2日目

7日後にローンチするものを決定する。ここでMVP（実用最小限の製品）という概念を説明し、何をローンチするべきかの検討を開始する。

■3日目
ビジネスの名称を決定する。それは実際には大した問題ではないが、シンプルで有益な名称決定のいくつかの方法を後述する。

■4日目
ランディングページか、なんらかのオンライン上のプレゼンスをつくる。1日もかからないウェブサイト構築法を後述する。

■5日目
ここでは、ビジネスを十分な数の人々の前に提示し、ビジネスを継続するか否かを決定するいくつかの無料の方法を紹介する。

■6日目
あなたにとって成功とは何かを定義する。ここまではとにかくローンチを目標として進んできたので、数週間後にそれがヒットしているかどうかは二の次であった。ここではゴール設定、そしてゴールに届かない場合の改善策の立て方について後述する。

■7日目

ローンチしなければならない。

最終章「ビジネスルール金科玉条」では、どんなビジネスにも応用できる一般原理を概説する。50ページにも及ぶ詳細プランを期待する人には、あらかじめ期待に添えない点をお詫《わ》びしておこう。ここで説明するステップは、新規ビジネスの起業にも、既存ビジネスにおける新プロダクト投入にも応用できる。おそらく読者の多くは新規ビジネスの起業を考えているだろう。以下の章を読み進めるにあたり、次のことを心に留めてほしい。

ある段階で、法人の設立プロセスを踏む必要が出てくるだろう。私は法律家ではないので、起業前に完遂するべき法的諸手続きについて解説することはできない。本書では取り扱わない。

本書に従って読者がビジネスを立ち上げていく過程をツイートしてくれるなら大歓迎だ。#7daystartup（私のツイッターアカウント：@thedannorris）で逐一報告してほしい。あるいはdan@wpcurvecomまでEメールをくれてもいい。

Chapter

5

The 7 Day Startup

7日間起業

「今までになかった何かを生み出す時、世界はより輝く」
ニール・ゲイマン

1日目　優れた独立起業アイデアの9要素

先述したように、アイデアはどうでもいい、というのは有益でも正確でもない。ビジネスの成功には多くの要因が関係してくる。

1　アイデアは重要だ――上手にエクスキューション（実行）される悪いアイデアは、よいビジネスになり得ない。

2　エクスキューションは重要だ――下手なエクスキューションとよいアイデアもまた、よいビジネスにはなり得ない。

3　創業者の顧客獲得能力（ハッスル）は重要だ――すばらしいアイデアと上手なエクスキューションも、顧客がいなければ意味がない。

4　タイミングは重要だ――アイデアについての仮説は、タイミングが合ってなければ意味がない。

この要因は大きい。

5 運は重要だ――実際のところ、ほとんどのアントレプレナーたちが認めるところ以上に、

アイデアは重要である。同時に、それに数週間もかまけていたくない。実際のところ、アイデアの吟味は1日だけに限定しよう。

すばらしいことに、いざ実際の顧客データから学び始めればいつだってアイデアは変更してもいい。我々は政治家ではないのだから。スタートアップ界隈では、バク転が強く推奨されている！

アイデアの吟味に費やすのは1日だけと決めたなら、うまくいかなかった場合の方向修正にもよりオープンでいられる。

すでにいくつかのアイデアを温めているのなら、それについて周りの人々が痛いところを突いてくるのも、手当たり次第に意見を聞くことも甘んじて受け入れなければならない。私はあなたの次のビジネスアイデアを提示できるわけではない。また、自分が考えるグッドアイデア、あるいは誰かが認めたグッドアイデアが、成功するビジネスになるとは限らない。

◉ゼロからの起業アイデアの9要素

❶毎日楽しめるタスク（仕事）

ビジネス界隈で「好きなことを追求しろ」とはおなじみのフレーズだ。幸いなことに、私はこれが悪いアイデアであることを早くに学ぶことができた。若い頃、自動車工見習いになるための試験を受けたことがある。試験をトップで通過し、マネージャーからの「なぜメカニックになりたいのか」という問いに、待ってましたとばかりに「車が好きだから」と応えた。マネージャーは「ジェイ・レノ（訳注：有名コメディアン兼司会者）もそうさ。だけど彼は食うために車をいじってはいないよ」。

アントレプレナーになりたいのなら、ビジネスを成長させることが好きである必要がある。私はかつてまったく好みではないビジネスを立ち上げるというミスを犯したことがある。これはモチベーションが下がるので排除すべきだ。図表や原理で話をややこしくするかわりに、素直にここで認めておこう。

楽しくない業務を生み出すビジネスを始めるのはナンセンスだ

これが我々に必要十分な情熱の位置づけだ。日々のタスクがどのようなものになるか、じっくりと深く考えてみよう。それらのタスクをこなしている自分を想像してみよう。

その様子が気に入らないなら、それはあなたにとってよいビジネスアイデアではない。それ以上、情熱について考えるのはやめよう。

❷プロダクト／創業者の相性

プロダクト／マーケットの相性はよく語られるが、ゼロからの起業家にとって、プロダクト／創業者の相性も同じくらい重要だ。私の場合、最初の事業は、私には合わなかった。それはよくわかっていたが、ともかく押し切った。

ある種の人は自身の会社に完璧にマッチしているが、そうでない人もいる。自分が持っているスキル、自分が何をもって人々に知られているか、どこに対してその価値を最大限に提供できるか、よく考えてみることは価値がある。その答えがビジネスアイデアにそぐわないのであれば、そのビジネスは長く苦しい道となる。

❸スケーラブル（拡大可能）なビジネスモデル

上場企業だと、収益が予想外に上がった場合、株価は跳ね上がり、収益が予想外に下がった場合、株価は暴落する。これはビジネスは常に変動し、停滞することはまれであると考えられているからだ。成長も縮小もしないビジネスは普通ではないと見なされる。フリーランスや小規模経営者は、成長しないビジネスでも構わない。創業者にかろうじてわずかな報酬をもたらすビジネスというものを受容する。

スタートアップ創業者は、自身の会社を大きく成長させる野心を持っていなければならない。この野心がないなら、それはスタートアップとは言えない。ある種のビジネスは自己成長モデルのDNAを持っている。SaaS（サービスとして利用できるようにしたソフトウェア）を提供する企業は月額課金収益が毎月上昇していくことを想定する。ローカル（街の）店舗やフランチャイズ店は、周期性はあれどまずまず安定した収益が見込まれる。

あなたのアイデアが、高い利益が見込まれ成長していくビジネスモデルに沿わないなら、それは優れたスタートアップのアイデアではない。顧客にどのように請求するのか、そして月を重ねるごとに成長が見込まれる合理的な道筋を考えてみよう。

❹創業者がいなくても収益が上がる

ほとんどの小規模ビジネスは、創業者自身が働き続けないと成立しない。プロダクトやサービスの供給に必要不可欠であったり、業務を割り振る人員を雇うだけの利益が得られていない。

多くの人々がこの点を無視するという罠《わな》にはまる。なぜならば彼らはビジネスの初期に、少ない報酬で「ハッスル」することを期待するからだ。まぁそれはそれでいいのだが、根本的には利益がプロダクトやサービスには織り込まれていなければならない。自分が手を動かさなくてもいいように人を雇ったりシステムに置き換え、さらに収益を生み出す段階をしっかり想定しておく必要があるのだ。この段階において、それはリアルビジネスになる。あなたのアイデアは、自分がいなくても収益を生み出せるリアルビジネスになり得るだろうか？

❺売りになるアセット（資産）

ビジネスは単に現金を稼ぐことではなく、価値あるものを生み出すことでもある。「自分のやっていることには価値がある」という自負ではなく、第三者の視点から見て価値が認められる、ということだ。有形無形の価値を担うものがアセットであり、スタートアップ創業者の任務はアセットを構築することなのだ。

短期的なローンチやプロジェクトに集中することではアセットを築くことはできない。アセットは、短期的な不利益を無視して、より大きい長期目標、ビジョンによって、時間をかけて育まれる

毎月お金を支払ってくれる顧客のリストはアセットだ。短期のプロジェクトに集中すれば、ビジネスの初期にはより多くの現金を稼げるかもしれない。

しかし短期プロジェクトをやめて月額課金収入を生み出すことに注力すれば、それは価値あるアセットを育む。プロダクトデザインや知的財産はアセットだ。他者のプロダクトやそのコピーを売れば、短期的にはより利益が上がるが、自身でプロダクトを開発すれば、それは長期的なアセットとなる。

チームはアセットだ。コストを惜しんで二流の人材を雇えば、短期的にはよりもうかる。一流の人材を雇えば、ビジネスを成長させるアセットを構築することになる。

ウェブサイトはアセットだ。安かろう悪かろうのSEO（検索エンジン対策）業者に頼んでダメなSEOハックを行えば、Googleで1日だけは高ランクが得られるだろう。しかし数年にわたり上質なコンテンツを提供し続ければ、競合他社を寄せ付けない揺るぎない優位性が得られる。ウェブサイトへのトラフィック増加はすばらしいことだが、自社コンテンツのメール受信者の膨大なリストこそがアセットだ。

アイデアの段階から、そのアイデアがどのようなアセットを生み出すかを検討しておこう。あるアイデアは（うまくいった場合に）時間とともに自然にアセットを生み出す。あるアイデアは、そうではない。あなたのアイデアを5年間継続すれば、あなたはどんなアセットを手にするだろうか？

❻大きなマーケットポテンシャル

スタートアップの長期目標は、業界の主要なプレイヤーとなってインパクトを生み出すことだ。そのためには、そもそものマーケットが大きくなければならない。初期には小さなマーケットでも、継続的に収益を向上させるには、今泳いでいる小さなプールに制限されてはならない。アイデアの段階から、ビジネスのターゲットを小さなグループからどうやって大きなマーケットへと成長させるのか、検討しておこう。

❼ペイン（苦しみ）／プレジャー（喜び）による差別化

誰もが「ユニークなセールスポイント（USP）を持て」とか「差別化しろ」などと言うだろう。彼らが説明不足なのは、ただ他と違っていればいいというわけではないという点である。重要なのは、顧客が何を重視しているのかということだ。WP Curve はただ競合サービスに対してユニークであるというだけではなく、多くの顧客が重視する要素において飛び抜けた優位性を誇っているのだ。

- 我々のサポートは無制限であり、顧客は予想外の請求金額というペイン（苦しみ）を心配しなくていい。
- 我々は24時間年中無休体制のサポートを提供しており、アドバイスの順番待ちというペインを心配しなくていい。
- 我々は即日解決を提供しており、顧客は数日あるいは数週間も問題解決を待たずにコンテンツ制作を継続できるというプレジャー（喜び）を享受する。

私は長年、小規模ビジネスオーナーたちと働いてきたので、既存の代理店モデルでは我々の優位性に切り込めないことを熟知している。ウェブ開発者だけがウェブサイトを管理する時代からビジネスオーナー自身が自社ウェブサイトを管理する時代へと急速に変化している。代理店はこの新しい流れに対処して新しいタイプのビジネスオーナーが必要とするサービスを提供する体制を持っていないのだ。

技術面での変化は顧客が持つ要望の多様化を生み出した。これらの要望に応えられずにいる代理店は顧客に新たなペインを生み出し、我々のサービスがそれを解決するのである。顧客が本当に重視しているものは何だろうか？　ビジネスアイデアは彼らのペイン／プレジャーに深く関わることができているだろうか？　それとも単に「イカすアイデア」でしかないのでは？

❽ユニークな優位性を生み出す

先述した通り、グッドアイデアを上手にエクスキューションしただけでは十分とは言えず、まずは顧客を見つけなければならない。最良のゼロからの起業型ビジネスとは、そのビジネスや創業者においてキーとなる差別化をもたらす、他が追随できない優位性を生み出す何かを持っているのだ。

たとえば、CrazyEgg（訳注：ビジュアル解析ツール）とKissMetrics（訳注：顧客分析ツール）はコンテンツマーケティングによってビジネスの大部分を生み出している。彼らの共同創業者ニール・パテルは、おそらく業界で随一の多作なハイクオリティコンテンツのクリエイターだ。これはニールの会社のユニークな優位性となっている。

Entrepreneur on Fire（訳注：経営者を紹介するポッドキャスト番組）のジョン・ドゥマスはエネルギッシュで自信に満ちたプレゼンターだ。彼はウェビナー（ウェブでのオンラインセミナー）で直接セールスし、初年度に月に10万ドル以上を売り上げた。このような優位性は、ジョンの優れたコアスキルに依っている。あなたのビジネスでは、こうした優位性をどうやって生み出すか？　あなたやあなたの会社をユニークなものとするものは、何だろうか？

⑨すばやくローンチする能力

残念なことに、経験のないアントレプレナーや自己資金に頼っている会社には iPhone みたいなイノベーションは起こせない。ゼロからの起業型ビジネスにより向いているのは、すばやくローンチできるものだ。

複雑なソフトウェア、物理的なプロダクト、ローカルの実店舗などは向いてない。ローンチに1年もかけてしまえば、実際の顧客から得られるデータから学ぶ機会は遠のく。

すばやくローンチすることが可能で、修正が可能なアイデアを選ぼう。有料顧客からリアルなデータが得られ始めれば、プロダクトを正しく進化させることができる。7日間でローンチできるアイデアを選ぶのがいい。それが無理だとしても、2年かかるものよりも2カ月でローンチできるアイデアを選ぼう。

それはグッドアイデアか?

ほとんどの小規模ビジネスを検証してみれば、先述の9要素を満たしていないことが明らかになるだろう。

- 創業者の労働を他の何かに置き換えられるだけの、十分な利益を上げられない。置き換えたら一貫性がなくなってしまう。
- 理にかなった金額でサービス／プロダクトを売ることができない。もし売る能力があっても、その創業者がいなくなればバラバラになる。
- たった一つのピースが噛み合わないだけでも彼らのビジネスは回らなくなるか、それ以上成長できない頭打ち現象に突き当たる。
- マーケットが小さいため、売上は年々頭打ちで伸び悩む。

自分のアイデアについて、同じ罠にハマってないか検討しよう。9要素をよく満たし、進める準備が整ったアイデアを選ぶのだ。アイデアは後で調整可能だが、これらの根本原理については後で解決するのは難しい。潜在的な問題はスタート時点ですでに存在していることに留意しよう。また次の要素についても検討しよう。

取りやすい果実に手を出すな

スタートアップを生み出すということは、顧客に価値を提供する長期的なアセットを生み出すということだ。それは手の届きやすい果実を追いかけたり、「すばやくリッチになる」式のスキームにとらわれたり、受動的な収入に甘んじることではない。たとえば次の事例だ。

- ウェブデザイナーがほんの少額を得るためにクライアントのウェブサイトのホスティング（サーバなどの運用）を請け負うこと。この場合、ホスティング会社が最も大きな価値を提供してしまっている。
- 既存プロダクトを2倍の価格で「ホワイトレーベル」（相手先ブランドで商品やサービスを提供すること）化するコンサルタント。それがどんな価値を生むというのか？　それがどんなアセットを構築するというのか？
- 他の誰かのプロダクトを、ほとんど何もせずにより高く売る「ドロップシッピング」。短期的にはアリだが、競合との差別化は不可能だ。Google ランキングが高いって？　その幸運が長続きするのを祈る。

本書は、本当のスタートアップをローンチするために書かれている。それは目的があり、世界でオリジナルな何かを創り、長期的な価値を構築するものだ。どうすれば自分が本当に何かを生み出せるか、よく考える必要がある。オリジナルなコンセプトを追求し続けることは、モチベーションと自信を高め、権威を生み出し、本当の、長期的なアセットを構築できる場へと導いてくれる。

本物の何かを創造することとは、自社ブログで優れたコンテンツをポストすることでもいいし、競合製品よりもほんの少しでも上手にタスクをこなすアプリを開発することでもいい。ユニークな方法でサービスを提供するビジネスもあり得るし、何か新しい物理的なプロダクトを開発することもあるだろう。

何も構築せずにビジネスをスタートさせることは可能だが、長期的に頭角を現すビジネスは、最もクリエイティブなものだ。

創造とは、未来のある日、時が満ちた瞬間に突然起こるものではなく、最良の企業と最も賢いアントレプレナーが毎日行っていることである。

私は代理店ビジネスを構築するのに7年かかったが、それがリアルなビジネスではなかったことに気づいたのは、ビジネスを売却した後だった。本書の読者には、リアル・ビジネスを構築してほしい。それはオリジナルで、意義深く、現在進行形の価値を顧客に提供するものだ。もちろん、あなた自身にも。

スティーブ・ジョブズになろうとするな

Inform.lyを手がけている時、私はスティーブ・ジョブズになろうとしていた。私はアントレプレナーであることよりもクリエイターであろうとした。アントレプレナーにとってクリエイティブであることは助けになるが、根本的には、アントレプレナー精神とは顧客が求めるプロダクトを創造し、それを彼らに売ることなのだ。

ジョブズの発言、「目の前に見せてあげるまで、人々は自分が何を欲しているかわからないものさ」は、正しい。そして同時に、新参アントレプレナーにとっては極めて危険なアドバイスでもある。Inform.lyはそこでしくじった。私はスティーブ・ジョブズではなかったのだ。

未来を見通すビジョナリスト役を演じることは、2度目、3度目のアントレプレナーの特権だ。それは楽しく、危険に満ちている

アントレプレナーとして、あなたは人々がお金あるいは関心を払いたくなる何かを持っていなければならない。それを彼らに尋ねても無駄で、彼らは彼ら自身の行動すら予測できない。

最初のスタートアップとしては、もっと簡単な方法がある。

解決のためにすでにお金を払っている問題を、解決する

私の過去のアナリティクスダッシュボードソフトウェアと、現在のワードプレスサポートサービスを比較してみよう。顧客は一般的にGoogleアナリティクスを（無料）利用している。ほとんどの人は有料のアナリティクスソフトを使おうとは考えなかったし、多くの統計データをダッシュボードから一覧できることなど知らなかった。私は新しい行動様式を示し、彼らが知りもしなかった問題について彼らに気づかせようとした。

WP Curveでは、ほとんどの顧客はワードプレスを利用している。彼らは開発者ではないので、年がら年中問題に直面している。程度の差こそあれ、彼らのほとんどは問題を解決するために、以下のような方法でお金を払っているのだ。

- 代理店に依頼する（高価な選択肢であり、コスト面でペインをもたらす）。
- フリーランスの技術者に依頼する（彼らはひとりだけの個人であり、常にスタンバイできるわけでもない。反応が悪いという面でペインをもたらす）。

図表2｜アイデア評価のチェックリスト

✓ 独立起業アイデアの9要素	コメント
□ 楽しみながらできる日々のタスク	
□ プロダクト / 創業者の相性	
□ 規模が拡大できるビジネスモデル	
□ 創業者がいなくても収益が上がる仕組み	
□ 売りになるアセット	
□ 大きな市場ポテンシャル	
□ 苦しみ/ 喜びによる差別化	
□ ユニークなリードを生み出す優位性	
□ 素早くローンチする能力	

- マーケットプレイスサイトで、安い業者を見つける（セキュリティ、クオリティ、プロジェクトマネジメントの欠落でペインをもたらす）。

我々は、顧客に新たな行動を強いることなく、これらのペインに対処することができた。彼らはすでに予算を確保しており、その出費の必要性を認識していた。

アイデア段階でも、自身のビジネスについてこういった面を検討しておくことは有用だ。

誰もがあなたのアイデアをすばらしいと言うだろうが、彼らはその問題解決のために、現時点でお金を払っているか、見極めよう。

これは、あなたのプロダクトに対して彼らにお金を払わせることがいかに難しいかを教えている。いくつかの会社をエグジット（売却）し、ヨットも手に入れたなら、その時こそスティーブ・ジョブズを気どる時だ。
それまでは、すでに存在し、すでに金が払われている問題を解決することから始めよう。

第1日目のタスク

たくさんのアイデアをブレインストーミングで検討し、チェックリスト（右ページ図表2）に従って評価しよう。その中であなたにとってベストのアイデアを選ぼう。以下のURLのテンプレートも役に立つだろう。http://7daystartup.com/（訳注：現在、ダウンロードには登録が必要です。また、内容が変更になることもありますのでご注意ください。また、すべて英語です）。

2日目 MVPって何だ？

「学びこそが、スタートアップ進化にとって最も重要だ」

エリック・リース

「リーン・スタートアップ」では、たくさんの魅惑的な専門用語が紹介されている。中でも、最も誤解されているのがMVP（Minimum Viable Product／実用最小限の製品）だろう。エリック・リースによれば、MVPとはすなわち、

「最初のステップは、MVPによって可能な限り早く構築フェーズに移行することだ。MVPとは、構築・計測・学習ループのすべてのプロセスを、最小限の労力と開発時間で実現するための、プロダクトのバージョンのことである」

つまり、プロダクトやサービスを開発するのに6カ月も費やすのではなく、有効なテストを行うための最小の作業だけを行うということなのだ。

実際には、独立起業型スタートアップにとって多くの有害な翻案がなされてしまっている。誰かが金を払いたくなるような十分な機能が欠落したお粗末なバージョンを開発してしまうのだ。あるいは、何もつくらず、ランディングページだけを公開し、Eメールのオプトインの数だけですべてを判断しようとしてしまう。

または、実際のプロダクトを開発するのには膨大な時間が必要になることが判明し、何か別のものをつくってしまう。こうした有害な翻案のほとんどは、真に計測する必要のあることを的確に計測するべきだ、という原則から外れた時に起こる。つまり、彼らは「実用」を過小評

価する一方で「最小限」を過大評価してしまうのだ。

MVPに関するよくある間違いとは、「実用」を過小評価し「最小限」を過大評価すること

たとえば、Inform.ly は多くの統計結果を読み込んでサマリーを提供するためにデザインされたものだった。私はユーザーがこれにお金を払いたくなるのかどうかをテストしたいと考え、ほんのわずかな要素だけを統合するバージョンをつくった。これが多くのスタートアップ創業者がMVPと呼ぶところのものだろう。

しかし、このMVPテストは失敗した。なぜか?

私がつくったプロダクトは、すでに存在する競合プロダクトよりもかなり少ない機能しか実装しなかった。結果として、誰もそれを欲しなかったのだ。果たしてこの結果をもって、アイデアがマズかったとかこのビジネスに未来はない、と言えるだろうか? それは誰にもわからないだろう。もしすべての機能が実装されていたら、評価は違ったかもしれない。

おそらくMVPとしてもっとマシだったであろうと思うのは、

1 アナリティクス・レポートのスクリーンショットとともに、このプロダクトが何をするものなのかを説明。

2 サインアップ（登録）したユーザーに対象となる解析サービスを選んでもらう。

3 レポート作成中、と表示。

4 後にユーザーに、実行された処理を通知し、作成されたレポートを提供する。

というものだった。これなら私は1日で構築できただろう。

こういうMVPなら、機能の足りないMVPよりもかなり効果的にサービスの需要を計測できただろう。顧客は完成版プロダクトが提供するものとよく似た体験を、合理的に体験できたはずだ。

プロダクトやサービスのアイデアが得られたら、その完成形に可能な限り近く、1週間以内にローンチできるものは何かを考えよう。あくまで顧客の視線に立ってだ。舞台裏の不都合な真実は今はどうでもいいのだ。重要なことは、自動化にこだわらず、手作業で何ができるかを考えることだ。

WP Curve のMVP

WP Curve の時には、私は同じ過ちを繰り返しはしなかった。1週間以内にやり遂げる他、選択肢はなかったからである。もしもっと時間があれば、サポートシステムや、もっと我々のような小規模な事業に適したかたちに仕上げていたかもしれない。

開発者がタスクを処理するモデルを考え始めたり、問題解決をリクエストするワードプレスのプラグインを開発していたかもしれない。24時間年中無休サービスを実現するために世界中から開発者をかき集めていたかもしれない。

しかし、それらのいずれも必要なかった。それらはすべて自分の手作業で代用できたからだ。そしてこのことで、私はビジネスが軌道に乗ってから顧客に提供しようと考えていたサービスを、私自身の手でそのまま提供することになった。

つまりこんな具合にだ。

1 Inform.ly 事業から引き継いだライブチャットソフトを契約していたので、それを作業の依頼窓口としてサイトに実装した。チャットで話しかけてくるのは顧客だけとは限らなかったが、気にしなかった。少しばかり時間を無駄にしたからといって、何だというのだ。

2 開発者は一人しか確保していなかった。つまり、1日のうち残り16時間、誰かがオンラインである必要があった。もちろん、それは私だ。私は毎晩電話とライブチャットに対応した。誰かがチャットにインすると私はベッドから飛び起きて対応したが、それは誰にもバレなかった。苦労も短期間なら問題にならない。

3 サポートデスクを設置する時間はなかったので、ライブチャットとサポート用のEメールアドレスを公開した。顧客は気にしなかったし、むしろEメールを好んだ。

経営者の視点からは地獄のようにダサかったが、ともかくも顧客にとっては24時間年中無休で対応する開発者に他ならず、お金を払う価値があるものと見なしたのだ。

サービスのビジネスにおいてMVPはそれほど難しくないが、ソフトウェアや物理的なプロダクトとなると少し厄介になる。しかし、原則は同じだ。カスタマーエクスペリエンスを、可能な限り正確に、すばやく、まねてみることを検討しよう。

後に大きく成長した企業のMVPの好例は以下の通りだ。

AppSumo

ノア・ケイガンはアプリケーションソフトの販売サイトを構築したかった。彼は売買取引のためのプラットフォームとEメールリストを構築することに集中できたかもしれない。しかしいずれも、プロダクトの完成形を顧客にリアルに感じさせるのに必要性はなかった。

ノアのビジョンは、デジタルグッズの時間限定・大幅ディスカウント販売を提供することだった。彼は Reddit のアクティブユーザーで、Imgur（訳注：画像共有・管理サービス）がそのプロアカウントを年間25ドルで売り出しているのを知った。そこで彼は Imgur の創業者にメールを送り、大幅ディスカウントで売りに出さないかと持ちかけた後、安価な広告を出して200の売買取引を成立させた。ここには今日の AppSumo が実装している魅力的な機能は一切ないが、顧客にとっては、今日の AppSumo とかなり近いユーザーエクスペリエンスが実現されていた。

その週末には、ノアは自分のアイデアで勝負し、顧客はお金を払い、彼はもうけることができると確信できた。AppSumo は1年間で100万ドル企業に成長した。

Underground Cellar

ジェフリー・ショウは、ひとひねり利いたワイン販売サイトを構築したかった。ひとひねりとは、ディスカウントのかわりに、取引ごとにランダムに選ばれるアップグレード特典だった。購入コスト節約とはまったく異なる興奮と驚きが、顧客にとってこのサイトを選ぶ理由になり得ると考えた。彼はこの方法を、素晴らしく創造性あふれた（そして的確な）MVPでテストした。MVPとしてのパーティ！

全員が15ドルを支払い、ワインボトルを購入したが、ある人は15ドル相当のワインを、ある人は100ドル相当のワインを手に入れた。皆が手に入れたボトルを確認する興奮を喜んだ。100ドル相当のワインを手に入れた人はなおさらだ！ 皆それぞれにボトルを回し合い、ワインについておしゃべりを楽しんだ。実際のビジネスには、カスタマイズされたウェブプラットフォームと、ランダムにワインを選択するプログラム、決済システム、その他にもたくさんあった。そこで、ジェフは人々がこのアイデアに飛びつくかどうかをたしかめる必要があった。

そして、一切のテクノロジーなしでそれをたしかめたのだ。かくしてUndergroundcellar.com[*10]は誕生し、高い収益性で確立されたビジネスに成長した。

■ Bare Metrics

Baremetrics.io[*11]の例は、Inform.ly とよく似ているが、創業者ジョシュは私と同じ過ちを犯さなかったという点で、私のお気に入りだ。ジョシュ・ピグフォードは、よく知られた決済シス

*10 "Underground Cellar," Underground Cellar, accessed August 23, 2014, https://www.undergroundcellar.com/.
*11 Josh Pigford, "Baremetrics - Stripe Analytics & Metrics," Baremetrics, accessed July 21, 2014, https://baremetrics.io/

テム Stripe のユーザーであり、彼のアカウントの的確なアナリティクスがどうしても欲しかった。彼はアイデアを2013年の10月に思いつき、最初のバージョンを8日間で開発した。彼は有料サービスとして必要なことにだけ注力し、デザインや開発面のささいな点にはこだわらなかった。

彼は「ユーザーが求めていると確証できること」を探ることに一点集中し、その唯一正しい根拠は実際にユーザーがお金を支払うことだった。おおよそ満足いく出来の目処《めど》が立った時点で、彼はプロダクトをすばやくリリースした。

彼はお試し版のフリーバージョンをリリースせず、実際に機能するバージョンをリリースし、ユーザーに課金した。1カ月後、MRR（Monthly recurring revenue=月次収益）で1000ドルを得て、続く数カ月で課金ユーザーのニーズを学び続けた（そしてそれ以外を無視した）。9カ月後の月次収益は1万8800ドルに上った。

ジョシュがローンチした時点では、Bare Metrics は限定的な機能しか実装されていなかったが、必要十分なものであり、Stripe から直接得ることのできない多くの評価指標を含んでいた。日付の設定はできなかったし、膨大なデータの蓄積もなく、ただ1日に1度更新されるだけだった。しかしユーザーは、そのサービスに対してお金を支払うのに十分な価値を見いだしたのである。

ジョシュの事例からの5つの学びは、

1 自分が必要なものをつくれ。誰かが必要としている、と自分が考えるものではなく（つまり、推測に基づくな）
2 1日目から課金しろ
3 完璧なプロダクトを開発しようとするな
4 すばやく、繰り返し提供しろ
5 顧客を選べ

Bare Metrics はとてもシンプルな分析ツールだが、月額29ドルから249ドルまで、プランには幅がある。これはある層を顧客として排除するだろうが、同時にそのユーザーとは真剣なビジネスができることを意味する。

■ Tidy

ツーサイドマーケットプレイス（2種類のユーザーグループに取引を促すためのプラットフ

ォーム＝場＝とルールを提供し、結びつける製品やサービス）は最も難しいビジネスモデルの一つであることは誰でも知っている。しかしステイシー・ジェイコブスはメモを取り忘れたようだ。彼女は家庭用清掃サービスのマーケットプレイス立ち上げを決意し、サイトをつくり、清掃人を集め、宣伝し、最初の顧客を得るまで7日間でやってのけた。

ステイシーの例で私が気に入っているのは、各段階でそのときに100％必要と思われることだけを実行した点だ。たとえば、マーケットプレイスの供給側（清掃人）を確保するのに、膨大な人数をサイトでサインアップさせる、ということを選ばなかった。かわりに、シンプルに求人サイトに広告を出し、60人の応募から面談する10人を選んで、そのうち3人を選んだ。シドニー東部の郊外でのサービスをカバーするには、3人の清掃人で十分だったのだ。

彼女は十分なオンライン広告を出し、数人の有料顧客を得た。そしてその顧客を満足させ、先に進む前に意見を聞き出すことに注力した。ステイシーが参入した市場には、HomeJoy（訳注：家事派遣サービス。2015年倒産）のように複数の出資元から1000万ドル以上の資金を得てAirbnb（訳注：グローバルに展開する民泊サービス）と連携する競合企業が存在する。しかし、リーン・スタートアップのアプローチ、つまり最小のリスクですばやくローンチすることは十分に可能だったのだ。

どんなMVPをつくるべきか？

2日目の今日は、あなたがつくるべきMVPはどんなものか、そしてそれをどうやって7日間で開発できるかを考えよう。以下の設問に答えてみてほしい。

- 実際の顧客にどうやってサービスやプロダクトを届ける？
- 7日後に、どうやって彼らに支払ってもらう？
- MVPはプロダクトの完成形にどれくらい近づけられる？
- どの部分を手作業にできる？（ヒント：おそらく全部）
- 外注ではなく自分自身でできることは？
- 顧客に対し、可能な限りリアルなオファーをするには？

プロダクトあるいはサービスは、今週末には顧客にオファーできる段階に達している必要がある。これは簡単ではないが楽しくもあり、あなたを創造的にして、顧客に何かしらを手渡して代価を請求するよう駆り立てるだろう。

2日目のタスク

7日目にローンチするものを、正確に書き出そう。顧客が得るもの、含まれるもの、含まれないもの、など。必要であれば、自動化する部分と、短期間であれ手作業で行う部分も書き出す。

3日目 ビジネスの名称を決める

「ロゴや名前があなたの事業の価値を代弁してくれると期待するより、価値ある何かをなすほうがはるかに効果的だ」

ジェイソン・コーエン（WP Engine 創業者）

「7日間起業」の目的は、ビジネスをすばやくローンチし、起業間もない会社が陥りがちな無駄な行動を避けることを助けることである。新人アントレプレナーはローンチそっちのけで数週間も数カ月も悶え苦しむ。「ビジネス名称の決定」はその際たるものだ。

ビジネス名称の決定に1日以上費やす必要がないたくさんの理由がある。

1　すばらしい何かを創造するという、真に重要なことから気を逸《そ》らさせる。それこそがブランドを育み、また破壊する究極の要因であるにもかかわらず。

2　ビジネスは成長に応じて、おそらく劇的に変容する。任天堂は花札メーカー、ティファニーは文具メーカーとしてスタートしたのだ。

3　どんな名称であれ、慣れる。ほとんどの名称は、創案時点で込められた意味はそれほど大きくない。スティーブ・ジョブズはLSDをキメた農園にちなんでアップルと命名した。この方法がアリなら、なんだってアリだ。

4　名称は後で変えられる。大抵、とても簡単に。大ブランドの場合でも、なんとかなっている。より小規模で、機敏なスタートアップなら、名称変更はほとんどコストをかけず、数時間か数日でできるだろう。名前に一生囚《とら》われる必要はない。Google は BackRub（背中掻《か》き）という検索エンジン名からスタートした。キモい。

5 顧客は気にしない。

「まぁアリだな」という名称を選ぶための有用なフレームワークを検討しよう。今の段階では、あなたが挑むべき最高レベルはこの線だ。完璧なグローバルブランド名称は後回しにして、とりあえず最悪な名称だけは回避したい。皮肉なことに、最悪な名称はしばしば考え過ぎによってもたらされる。

いくつか候補を出す

最も道理にかなった方法は、いくつかの候補を並べることだ。そこから始めて、ベストを選ぶロジックを検討することができる。いくつかのやり方があるが、まず最初に始めるためのコツを以下に示そう。

- 場所。アップルはリンゴ農園にちなんで命名された。アドビは創業者の自宅の裏に流れる小川の名称だ。
- 二語を一語につなげて新しい言葉を創造する。Aldi は Albrecht（創業者の名前）と

discount の合成だ。Intel は Integrated Electronics、Groupon は Group Coupon だ。

- サービスの頭文字を使う。IBMは International Business Machines の頭文字である。
- 業界用語を探す。我々の場合、WPはワードプレス業界の企業でよく使われる。
- 辞書を眺める。ジャック・ドーシーは Twitch という名称が好きで、それを辞書で引いて Twitter を見つけた。
- 関連語から展開する。私は wordoid.com に inform を入力し、Inform.ly を得た。
- 外注する。crowdSPRING.com[*12] はビジネス名称を提案してくれる誰かを引き合わせてくれるサイトの一つだ。本書では1日で決めてしまいたいので、オンラインフォーラムやSNSのほうがいいかもしれない。あるいは友達に頼もう。

名称について時間をかけるほど、珍妙な名称になる。IKEAは創業者の名前（Ingvar Kamprad）[*13] と、彼が育った土地（Elmtaryd Agunnaryd）の頭文字から成る。Zynga はマーク・ピンカスの飼っていたブルドッグの名前だ。Yahoo は当初 Jerry's Guide to the World Wide Web（ジェリーのウェブガイド）としてスタートし、Yet Another Hierarchical Officious Oracle（さらにおせっかいな階層占い）の頭文字になった。

*12 “Logo Design, Web Design and Naming by the World's Best Creative Team | crowdSPRING,” crowdSPRING, accessed July 21, 2014, http://www.crowdspring.com/.
*13 “Ingvar Kamprad,” Wikipedia, last modified July 5, 2014, http://en.wikipedia.org/wiki/Ingvar_Kamprad/.

命名の理由なんて大した問題ではないのだ。ふざけた名前ではない10個の候補を出し、次に述べるフレームワークを適用してベストを決めればそれでいい。

「まぁアリ」なビジネス名称を選ぶフレームワーク

❶既存ではないか？

既存ではない名称を選ぶのがベストだ。名称利用の権利を確実にするための法的アドバイスをすることはできないが、最低限チェックしておくべきは、

- ビジネスを展開する地域で登録商標が存在するか？　アメリカなら uspto.gov/trademarks[*14] で調べられる。
- .comドメインが登録されてないか？　誰かがその名称を現時点で使っているか否か、だいたいこれで見当がつく。.com が登録されているからといって諦めなければならない、というわけではないが、別のものも検討しよう。
- ツイッターのアカウント名に存在するか？　誰かがその名称を使用している場合、それがどれくらいアクティブなのか見当をつけることができる。knowem.com[*15] で、その名称でアク

*14 "Trademarks Home," The United States Patent and Trademark Office, last modified March 31, 2014, http://www.uspto.gov/trademarks/.
*15 "KnowEm Username Search: Social Media, Domains and Trademarks," KnowEm, accessed July 21, 2014, http://knowem.com/.

ティブなSNS上のプロフィールを確認できる。
・自分の地域で商用に登録することができるか？

これらのどれも決定的な要因というわけではない。すでに他に使われていた名称でスタートしたビジネスはたくさんある。名称がどのように使用されており、それを使うリスクが許容範囲内かどうかの判断はあなた次第だ。

❷シンプルか？

どんな場合でも、名称はシンプルなほうが好ましい。それがまったく無意味であっても、シンプルであれば覚えてもらいやすい。たとえばアップルのように、いずれそれが何かを意味するようになるだろう。

とりあえずのガイドライン——造語は避ける。ミススペルや、ミススペルされやすい語を避ける。それはただ検索で見つけにくくするだけだ。最も重要なのは、可能であれば12文字以内におさめることだ。トップ25位のブランド名のどれもが、12文字以下である。[*16]繰り返そう。

*16 Kurt Badenhausen, “The World’s Most Valuable Brands,” Forbes, last modified November 6, 2013, http://www.forbes.com/powerful-brands/.

トップ25位のブランド名はどれも12文字以下である

お節介なのは重々承知だが、General ElectricをGEとするように、略記することもできる。

❸発音しやすいか？

どれだけマーケティングに精通しているとしても、顧客獲得のための最善の方法は口コミである。ビジネス名称は、それについて人々が語りやすいものでなければならない。

Amazonは元々はCadabraという名称だった。創業者ジェフ・ベゾスと弁護士の間で交わされたある会話で弁護士がCadaverと間違え、ベゾスは他の人も同じ間違いをするかもしれないと考えてAmazonに変更した。

❹気に入っているか？

その名称を何度も口にするうちに、次第に気に入ってくるだろう。ある程度は慣れるだろうが、そもそも気に入らない名称でスタートするべきではない。

図表3｜ベストな会社名を選ぶ簡単チェックリスト

10個の名称候補をこのチェックリストに当てはめ、
どれであれベストスコアのものに決定しよう。

	名称					
	候補1	候補2	候補3	候補4	候補5	…
既存ではないか？						
シンプルか？						
響きはいいか？						
気に入ってるか？						
アイデアと合っているか？						
ある程度あいまいか？						
スコア（6点満点）						

❺アイデアと合っているか？

ビジネス名称がビジネスアイデアを明確に伝えているなら、ボーナスではあるがその名称こそが真の勝者だ。Dropboxは、特定すぎずそれが何であるかを示している。我々の製品であるワードプレスのコンバージョンプラグインの名称は、ConvertPress[*17]である。

❻あいまいは正解

あなたは起業間もない段階にあり、この後、何がどうなるかを正確に予測することは難しい。ドメインネームには特定のキーワードや特定のサービス内容、地域などを入れないほうが無難だ。それらの要素は容易に変わるものであり、後に無用な手間を生む可能性があるからだ。

原則として、よりあいまいな名称のほうが使

*17 "ConvertPress - WordPress landing pages and opt in forms," ConvertPress, accessed August 23, 2014, http://convertpress.com/.
（訳注：2016年現在、販売休止中）

いやすい。Twitter はテキストメッセージのプラットフォームとしてスタートしたが、この名称は現在のウェブとモバイルアプリにも完璧にフィットしている。

3日目のタスク

名称候補を出し、上述の基準で評価しよう（右ページ図表3）。なんであれ最も理にかなうものを選び、それに決定する。ドメインネームも取得する。http://7daystartup.com/ にこのチャートと他にも有用なツールを記載した。

4日目　1日で、100ドル以下でウェブサイトをつくる

「手荒でも今実行された良いプランは、来週の完璧なプランに勝る」

ジョージ・S・パットン・ジュニア（第二次大戦の米陸軍将軍）

さて、あなたはビジネスアイデアと名称を手にした。今こそ顧客に伝えるべきメッセージを明確にする時だ。

1 ランディングページ（訳注：最初にユーザー訪れるページ。この場合、メールアドレスを登録してもらうためのウェブサイト）の目的は2つある。

2 顧客とのコミュニケーションを開始し、その反応から学ぶ。究極的にあなたのプロダクトの販売をするための窓口を開く。

ランディングページに数週間も数カ月も費やしたくない。ここでも1日で仕上げるのが合理的だ。サイト構築の一般的なアプローチにはいくつかある。

1 メールアドレスを収集するためのサイトを最終ローンチ前の4日間で構築。

2 ローンチ前にプレセールを行うサイトを構築。

3 ローンチ時に実際に機能するサイトを構築。

7日目には購入ボタンを実装したサイトがなくてはならない。なぜならばそれがあなたのオファーが顧客に響くか否かを学ぶ唯一の窓口だからだ。

それまでは、アイデアについて概説する簡単なランディングページをアップしておくといいだろう。たった4日間とはいえ、コミュニケーションを開始するのに早いに越したことはない。

ローンチ時にメール送信するアドレスリストも必要だ。

ここでは、100ドル以下でワードプレスサイトを立ち上げるための細かいステップを説明する。すでにワードプレスの使い方に通じているなら、あるいはすでに立ち上げているなら、この章は飛ばしてくれて構わない。後の章ではビジネスに役立つシンプルなマーケティングファネル（漏斗《ろうと》＝広く集客し、絞り込んで顧客になってもらうこと）について説明する。

利用するテクノロジーに応じて、これらのステップは微妙に異なる。また、価格は執筆時点での相場目安である（訳注：すべて米国でのサイトに基づいている）。

ステップ❶ドメイン取得（4ドル、所要時間：5分）

満足のいく名称が決まったら、ドメイン名を取得しよう。.comが取れれば理想的だが、不可能な場合には別の選択肢もある。

- godaddy.com[*18]にアクセスする。
- ドメイン名を検索する。
- 取得する。

＊18 "Domain Names | The World's Largest Domain Name Registrar - GoDaddy," GoDaddy, accessed July 21, 2014, http://www.godaddy.com/.

ステップ❷ホスティングを契約する（4ドル／月、所要時間：10分）

WP Curve は WP Engine でホストされている。安くはないが、私はサイトの信頼性を重視し、ベストを選択した。しかしとりあえずはシンプルなプランから開始しよう。

ホスティングサービスが cPanel（コントロールパネル）をサポートしているなら、あなたの人生は随分楽になるだろう。ほんの数クリックでワードプレスをインストールできるに越したことはない。ホストを選択する際には、ワンクリックでワードプレスがインストールできるかを確認しよう（詳細は後述する）。

- GoDaddy[*19] か Bluehost[*20] でサインアップする（これらがすばらしいホスティングサービスだと言ってるわけではない。安価で手っ取り早い選択肢として挙げている）。
- ネームサーバーの設定を確認する。たとえば ns1.bluehost.com と ns2.bluehost.com、といったものだ（GoDaddy でドメインを取得しホストもそこで行う場合、ネームサーバー設定をいじる必要はない）。
- GoDaddy のドメイン管理画面（ドメイン名を購入した画面）にログインし、「ドメイン管理」や「ネームサーバー更新」画面を探す。
- ホスティングサービスで確認したネームサーバーに書き換える。

＊19 "Domain Names," GoDaddy, http://www.godaddy.com/.
＊20 "The Best Web Hosting | Fast Professional Website Hosting Services," Bluehost, accessed July 21, 2014, http://www.bluehost.com/.

注意

- ドメイン名がホストに表示されるまで通常2時間から24時間かかるので、私はドメイン取得後なるべく早く行うようにしている。大抵は数時間で済む。
- ホストにデフォルトの一時ページが表示されているのを確認する。
- 何か問題があれば、ホスティングサービスのヘルプを利用しよう。感じよく振る舞えば、本来開発のフェーズは彼らの業務範囲に含まれていないものの、多くの手助けをしてくれるだろう。

＊訳注：アメリカのサーバ会社やドメイン会社を例にしていますが、日本でも状況はほぼ同様です。

ステップ❸ワードプレスをインストールする（無料、所要時間：15分）

ホスティングサービスにワードプレスのワンクリックインストールオプションを確認する。もし提供されていれば、手順に沿ってインストールする。もしなければ、昔ながらの方法で行うが、その場合でもおおよそ5分から10分で済む。

cPanel 上で、昔ながらの方法で行う手順は以下の通り。

1 ホスティングアカウントのサインアップ時に提供された情報に従い、cPanel にログインする。

2 MySQL Databese Wizard をクリック。

3 手順に従ってデータベースとデータベースユーザーを設定する。ユーザーを設定した時のパスワードをメモし保管しておくのを忘れずに。

4 設定したユーザーにデータベースに関するすべてのパーミションを設定する。それほど難しくはないから頑張ろう。もしつまずいたら、問い合わせれば大抵のホスティングサービスは適切に導いてくれる。(特に「ワンクリックインストールしたいんだけど」と伝えておけば)。

5 wordpress.org[*21] にアクセスし、ワードプレスの必要ファイルをダウンロードする。

6 cPanel 内のファイルマネージャーを開き、"public_html" をクリック、そして「アップロード」をクリック。

7 wordpress.zip をアップロード。

8 ファイルマネージャーから、.zip を選択してページ上部の「解凍」をクリック。

9 取得したドメイン名にウェブブラウザでアクセスすると、ワードプレスのインストール完

*21 "WordPress: Blog Tool, Publishing Platform, and CMS," WordPress, accessed July 21, 2014, http://wordpress.org/.

了画面が表示され、必要な設定を促すはずだ。

10 ワードプレスが表示する手順に従って使用するデータベースやユーザーを設定する。

これらの手順に数分かかるだろうが、ともかくそれでワードプレスのインストールは完了だ。おめでとう！ あなたは今やニューヨークタイムズと同じウェブプラットフォームを手に入れたのだ！

＊訳注：ここで記したワードプレスのインストール方法は原文のものです。cPanel とファイルマネージャーはサーバ会社の機能を指しています。また、ワードプレスのバージョンによりますが、日本でもサーバ会社によってはワンクリックでインストール可能なところも多く存在します。

ステップ❹ランディングページのテーマを選ぶ（69ドル、所要時間：1時間）

「近日公開！」といったシンプルなリードを獲得するための告知ページをつくるステップで、ここでEメールを獲得したい場合と簡単な1ページのウェブサイトにするかはあなた次第だ。ここでは両方のやり方について述べよう。

- ワードプレス管理画面から、ページ左部の「プラグイン」を選択し「新規追加」をクリック。
- キーワードを入力する。「SeedProd Coming Soon」そして「プラグインの検索」をクリック
- “Coming Soon”プラグインの隣の「今すぐインストール」をクリック。
- 「プラグインを有効にする」をクリックして、オンにする。
- 左部の「設定」にマウスオーバーし、“Coming Soon”をクリック。
- ここからComing SoonページをMailChimp, Drip, InfusionsoftなどのEメールシステムにつなげる。

これでメールアドレスを収集するための新しいランディングページをホームページ上につくることができる。

＊訳注：ワードプレスのプラグインは言語・バージョンにより非対応のケースもあります。その場合は類似のサービスを検索してみてください。

テーマを利用したワードプレスサイト構築のステップ

一時的なページでは立ち上げたくない場合には、最終的なサイト全体をワードプレスのテー

マを利用して構築することもできる。

ワードプレスではワールド・クラスのテーマを非常にたやすく手に入れることができる。私はElegant Themes*22を使用した。そこではわずか69ドルほどでテーマが販売され、最近のテーマはよりモダンにデザインされ、モバイル端末も対応している。

- elegantthemes.com*23にアクセスし、気に入ったテーマを購入する。
- 購入したテーマの .zip ファイルをダウンロードし、ローカルに保存する。
- ワードプレスから、「外観」をマウスオーバー、「テーマ」をクリック。
- 「新しいテーマの追加」タブをクリック。
- 「テーマのアップロード」をクリック、ローカル保存したテーマの .zip ファイルを選択、「インストール」をクリック。
- インストール完了後、「有効化」をクリックし、実際にアクセスしてテーマが反映されているか確認する。

大抵の場合、イメージしたとおりにページをつくるには設定を試行錯誤する必要があるだろう。あまり凝りすぎないように、テーマの基本に素直に従っておこう。もっと素敵にするのは後でもできるのだ。

*22 "WordPress Themes Loved By Over 240k Customers," Elegant Themes, Inc, accessed July 21, 2014, http://www.elegantthemes.com/.
*23 "WordPress Themes," Elegant Themes, Inc, http://www.elegantthemes.com/.

＊訳注：日本語でもワードプレスのテーマ販売サイトは多数あります。好みのテーマを探してみましょう。もちろん、専門の制作会社などに頼めば好きなようにデザインしてくれます。

基本的なマーケティングファネル

いよいよマーケティングを開始したなら、顧客にどうやってサインアップしてもらうか検討することになる。マーケティングの詳細については5日目の章で説明する。とりあえずは、スタート地点として基本的なマーケティングファネルについて説明しよう。

マーケティングファネルは、ある人がビジネスの顧客になるまでのプロセスだ。多くの場合にうまく機能するモデルは以下の通りである。

- 顧客がウェブサイトにアクセスし、彼らが抱えるなにかしらの課題を解決する無料サービスを見返りにEメールアドレスを「オプトイン」で登録する。
- 課題に関する有用な情報を何度か送信する。
- 購入の意志が固まった時点で、顧客は支払いページにアクセスし購入する。

＊24 "ConvertPress - WordPress landing pages and opt in forms," ConvertPress, http://convertpress.com/.
（訳注：2016年現在、販売休止中）
＊25 "Small Business CRM | Marketing Software Small Business," Infusionsoft, accessed July 21, 2014, http://www.infusionsoft.com/.

このプロセスを機能させるために必要なのは、たった3つのポイントだ。

1 Eメールアドレスを収集するページ。先述した通り、これは"Coming Soon"プラグインによってローンチページ上で実現できる。あるいは我々のConvertPress.com[*24]のようなオプトイン用プラグインをサイトの一部として利用することもできる。

2 顧客にメール送信するシステム。私はInfusionsoft.com[*25]を利用しているが、MailChimp.com[*26]は新規ビジネスに最適なすばらしい無料のソリューションだし、システムの軽さが利点の自動化オプション、getdrip.com[*27]という選択肢もある。

3 プロダクト／サービスを販売するページ。

これらは我々のチームがすべてのビジネスで利用している基本ファネルであり、新規ビジネスから大企業に至るまでを通じて活用できる。

Eメール・オプトインを設定する手順は示したので、次は支払いページをつくる手順を説明しよう。PayPalはオンライン決済をすばやく導入する今のところ最も簡単な選択肢だ。

＊26 "Send Better Email," MailChimp, accessed July 21, 2014, http://mailchimp.com/.
＊27 "A Double Digit Jump in Your Conversion Rate," The Numa Group, accessed July 21, 2014, https://www.getdrip.com/.

- paypal.com[28] にアクセスし、もしまだ持っていないならアカウントをつくる。スタート時点では個人用アカウントで基本的には事足りる。
- ボタンの設置方法を検索する。特定の手順は常に変更されている（訳注：2016年現在、日本での決済導入方法は以下を参照 https://www.paypal.jp/merchant/service/）。
- 単発セールには「購入する」ボタンを、月額課金登録には「定期購読」ボタンをつくる。
- 自分のウェブサイトのワードプレスに戻り、「固定ページ」をマウスオーバー、「新規追加」をクリック。セールスコピーと画像ファイルを挿入し、PayPal サイトで取得したボタンのＨＴＭＬスクリプトをコピーペーストする。
- 保存して、「プレビュー」をクリックしてテスト。支払いボタンをクリックして PayPal につながること、エラーがないことを確認。

注意：エラーが出る場合、Post Snippets[29] というプラグインを使えば回避できるかもしれない。ワードプレスは直接入力したコードで誤動作する場合がある。

売上とオプトインが増大してきた時、特に有用ないくつかのポイントがある。

*28 “Send Money, Pay Online or Set Up a Merchant Account,” PayPal, accessed July 21, 2014, https://www.paypal.com/home/.
*29 “Post Snippets,” WordPress, Last modified April 17, 2014, http://wordpress.org/plugins/post-snippets/.

1　コピーは極めて重要であり、ビジネスを成立させるのもぶっ壊すのもコピー次第だ。コピーライティングをはじめて間もないなら、デーン・マクスウェルのCopyWriting Checklist*30が参考になるだろう。

2　オンライン販売においては、画像の良し悪《あ》しも大きな影響を与える。プロフェッショナルによるデザインのテーマはスタートに最適だが、追加する画像もまた大きなインパクトを与える要素であることを覚えておこう。

3　Googleアナリティクスをセットアップして、サイトがどのように利用されているか把握しよう。google.com/analytics*31にアクセスし、アカウントをつくり、YOAST Google Analyticsプラグインをワードプレスにインストールして、アカウントと関連づける。プロダクトの購入かEメールへのオプトインをコンバージョンゴールに設定しよう。

準備完了！

ワードプレスのすごいところは、サイトのカスタマイズと拡張が自分自身で可能な点だ。構築したサイトはスタート地点としては申し分のないものだが、重要なのはこのサイトが事実上制限のないプラットフォームで構築されている、ということだ。これはCNNやニューヨ

*30 Dane Maxwell, “The Copywriting Checklist: How To Sell The Crap Out Of Great Products & Services,” Mixergy, accessed July 21, 2014, http://mixergy.com/Master-Class/Copywriting/TheCopywritingChecklist.pdf.
*31 “Google Analytics Official Website,” Google, accessed July 21, 2014, http://www.google.com/analytics/.

ーク・タイムズ、フォーブスといった大手サイトと同じプラットフォームであり、さらに簡単にサイトを改善できるツールと必要なサポートへのアクセスが完備されている。あなたは世界最高のコンテンツマーケティングプラットフォームを手に入れたのである。

さらなるアイデアが湧き出てきたら、それらをサイトに実装し、顧客からのフィードバックに注意を払いはじめよう。アクセスアナリティクス、そして理想的にはランディングページ上でのコンバージョンにも注視する。

4日目のタスク

ウェブサイトを構築しよう！　設定に迷ったら、http://7daystartup.com/ で多くのワークシートとエクササイズをチェック。

5日目　マーケティング、10の必勝法

ビジネスを開始する多くの人にとって、ここがまさにつまずきやすい地点だ。ドアを開けたのはいいが、どうやって正しく顧客の眼前にたどり着くか？　もちろん、私はあなたを放り出すつもりはない。ここで他の企業が初期の顧客を獲得した10の事例を紹介しよう。

http://7daystartup.com/ではさらに多くの事例を公開している。

7日目のローンチ時点、またそれ以降、あるいは今現在に、これらのどれを試すかはあなた次第だ。私としては、30日を超えて先のプランを立てないことを勧める。最初の30日間、できる限りの活動に注力するべきだ。そして、あらゆる戦略を試み、どれがうまくいきどれがそうでもなかったか、見極めるのだ。

まずは十分な見込み客の眼前に、あなたのプロダクトを確実に置くことだ。そこから、何がうまくいき、次に何をするべきかを学べる。これらの戦略を活用するなら、本章を読み進めながら自分自身のプランを構築しよう。また、http://7daystartup.com/からGoogleドキュメントを入手できる。

マーケティングの主目的とは、プロダクトを見込み客の眼前に置くことだ。つまり、ランディングページやセールスページに顧客を誘導する、ということだ。これらの多くの事例が示唆するのは、あなたのサイトへのトラフィックを生成するためのオンライン戦略である。

しかし一方で、あなたのビジネスには対面式の戦略のほうが合うかもしれない。そういった事例もいくつか取り上げた。また、以下のアイデアはビジネスをすばやく宣伝するためにデザインされたものであることにも留意しよう。新しいプロダクトを宣伝するパワフルな方法は他にもたくさんある。他社とのパートナーシップは極めて実りある戦略となるが、それらは普通、すばやく、というわけにいかない。クラウドファンディングは物理的なプロダクトをローンチするいい方法になり得るが、それもまた、すばやく支援者を獲得するのは困難だ。その点、以下のアイデアはローンチの数日後には実行することができ、有料顧客を即座に獲得することができるものだ。

①コンテンツを創造する

我々の顧客のほとんどは、コンテンツマーケティングの努力の結果である。私のケースを紹介する前に、まずはTrakのリアムの場合をみてみよう。io[*32]は同じテクニックを使い、ローンチ後数カ月で217件の有償顧客のサインアップを獲得した。

リアムはトレンドを調査し、当時「グロース・ハッキング（訳注：ユーザーのニーズを分析しつつサービスやプロダクトを成長させ顧客を拡大する）」という語が注目を集めていることを知った。彼が状況を見渡すと、グロース・ハッキングに関するコンテンツのほとんどはこの役職がどういうものかを論じるばかりで、スタートアップ創業者やマーケターが彼らのビジネスに適用できる価値ある情報を提供するものは多くなかった。

リアムは好機を逃さず、それについてかなり詳細なブログ記事を2、3ポストした。彼は特

*32 “Affordable Customer Success For SaaS Companies,” Trak.io, accessed July 21, 2014, http://trak.io/.
（訳注：2016年現在、アクセス不可）

に好評だったわずかな記事の後、この作戦で約2500のフリーサインアップを獲得した。リアムのビジネスは本書執筆時点ではオーガニックに拡大し続けているが、この最初のブーストこそ彼が必要としていたものだった。それによって彼は十分な初期顧客を獲得し、顧客からの直接のフィードバックを得てすばらしいプロダクトを構築することが可能になった。

コンテンツマーケティングは顧客獲得の最速の方法ではない、というリアムの意見に、私も同意する。しかしコストがかからず、楽しく、人を助けることができる方法であることも事実だ。だからコンテンツのビジネス活用を検討するべき多くの理由は存在する。さらに他の高トラフィックなサイトで自らの記事を公開するといった、すばやく成果をあげるためにできることもいくつかある。

私自身の経験から抽出した要点を以下にまとめる。

1 顧客が抱えていて、あなたのビジネスが解決できる問題についてディープなコンテンツを創る。

2 できるだけターゲットが実際に行動できる、有用なコンテンツを創る。

3 退屈なのはダメだ。自分の専門分野についてだけのコンテンツもダメ。もっと広く潜在的な顧客が興味を持ちそうなあらゆるネタを創るのだ。

4 サイトをEメールのオプトインに最適化し、いつでもメールで顧客をサイトに呼び出せるようにする。

5 SEOは気にするな。有用なコンテンツを供給することを最優先しよう。

6 コンテンツの形態はいくつも試し、人々の関心が集まるものを見極めよう（サイト内記事、インフォグラフィック、動画、ポッドキャスト、電子書籍、ホワイトペーパーなど）。

ポイントは、どういう種類のコンテンツがあなたが望む結果をもたらすかを見極めることである。大勢のオーディエンスがいなければ、自社サイトにたくさんの記事をポストしても短期売上にはつながらないが、長期的な勢いは蓄積されていく。初期の段階では、ポッドキャストや他社媒体への寄稿など、新しいオーディエンスの目に触れる活動を多くしよう。

私自身、コンテンツマーケティングが大好きで、http://7daystartup.com/ には多くの無料の資料をアップしている。チェックしてほしい。

②メールを送る

メールアドレスのリストはビジネスにとって最も価値あるアセットとなり得る。あなたがいつでも、独占的にコンタクトできる、あなたを信頼する人々のリストはまさに金鉱だ。まともなリストを構築するには時間がかかるので、あなたにできるベストな行動はなるべく早くそれを始める、ということだ。ローンチ前にリスト構築を開始し、継続的にリストの成長を見守ることを勧める。

WP Curve のメールアドレスリストには、約1万2000人が登録されている。リスト構築のためにとった主な方法は以下の通りだ。

1 初期に知り合った人々を登録する。著名なテクノロジー系ブロガーのアンドリュー・チェンも同じ方法をとった。彼はまず、知人に向けてメールを出し始めた。メールを出すのが趣味のようになり、ほどなくして大きなリストに成長した。

2 ランディングページに誘導する。ローンチ前のランディングページは、最も高いコンバージョン率を叩《たた》き出し、ローンチ後にはメールアドレスリストとなる。

3 高いクオリティで、関連性の高い情報を届ける。リストのすべての人に売り込む必要はない。

4 リストに登録してほしい人にとって関連性が高く価値あるものを提供する。私の場合、無料のソフト、プラグイン、テンプレート、電子書籍、トレーニングコースなどを提供することでよい結果を出した。本書も、元々メールアドレスと引き換えに（オプショナルだが）フリーで公開されたものである。

5 自社サイトに良いコンテンツを置き、コンテンツに関連した無料のノベルティを提供する。たとえば、私はコンバージョンに関するすべての記事に、コンバージョンレビュー用プラグインを提供した。

6 すべてのメールに個人的な雰囲気を残し、相手に返事をしてもらうよう促そう。これは顧客が何を求めているかを学び、あなたのビジネスに光速でフィードバックを得るすばらしい方法だ。さらに、自分のオンラインコミュニティにおいて誰かを助け、信頼を得るチャンスをもたらす。誰かに助けてもらいたければ、まず誰かを助けることだ。

Eメールマーケティングを始める最も簡単な方法は、MailShimp.com*33のフリーアカウントを登録することだ。私は数年来のMailChimpユーザーであり、より高機能を求めてInfusion.com*34に乗り換えた。

Eメールによるコンバージョンを高めるテンプレートは、http://7daystartup.com/で無料配布している。

*33 "Send Better Email," MailChimp, http://mailchimp.com/.
*34 "Small Business CRM," Infusionsoft, http://www.infusionsoft.com/.

③ポッドキャスト

以前私の会社を売却した際に、可能な限りのコンテンツをつくるというミッションを自分に課した。ポッドキャストはその中でも最もうまくいったものの一つだ。これは直接的なリード獲得よりも、現在進行形のネットワーキングに有効だった。

私のポッドキャスト、Startup Chat はそこそこ知られている程度だが、すばらしいアントレプレナーたちとの出会いのためには、私が考え得る最も簡単な方法だ。

それによって、ニール・パテル、ショーン・エリス、ジェイムス・シュラムコ、ノア・ケイガン、ダン・アンドリューといった、アントレプレナー界隈のインフルエンサー（消費者に大きな影響力を発揮する人）たちとのリアルな関係性を生み出したのだ。

ポッドキャストを始めた人は、私の知る限り皆ネットワーキングがその最大のベネフィットだと指摘する。あなたが私同様に、ただ話すためだけにインフルエンサーに電話するのが嫌なのであれば、ポッドキャストでのインタビューはすばらしい選択肢だ。

それは彼らのメッセージを拡散するフリーコンテンツを生み出すことでもあるから、インタビューを申し込むのにも気がひけることはない。

ポッドキャストのその他の利点としては、

1 とても簡単。誰もが上手に書けるわけではないが、ほぼ誰でもしゃべることはできる。

2 肉声はたしかな信頼感を生み出す。

3 iTunes や Stitcher Radio といった、あなたにとってまったく新しいマーケティングチャネルを開拓できる。

4 運転中やジムで聴けるポッドキャストは、あなたと顧客の1対1の関係をまったく新しい環境に拡張する。

5 専門領域での権威をあなたに付与する。多くの人はブログを持っているが、ポッドキャストはいまだに目新しい。

ポッドキャストを始めるのは、難しかったりスタジオが必要だったりするのでは、と考える人は多いだろうが、まったくそんなことはない。私の知るほとんどのポッドキャスターは、年収100万ドルクラスのビジネスマンも含め、自宅でポッドキャストを収録している。

他の人のポッドキャストに出演することも、大いに勧める。自分のポッドキャストを始めると、他のポッドキャスターから声がかかることもある。大して時間も取られないし、向こうがすべてお膳立てしてくれるのだから、気軽に飛びこもう。私は他のポッドキャストに出演したい、とお願いすることもよくある。そうやって他のインフルエンサーたちと関係を築けるし、楽しく、簡単に、メッセージを新しいオーディエンスに届けることができる。

ポッドキャストをはじめたくなったら、http://7daystartup.com/ で無料の詳細ガイドをチェックしよう。

④フォーラムとオンライングループ

オンラインフォーラムやSNSグループは、ネットワーキングと顧客開拓のためのすばらしい場になり得る。

ダミアン・トンプソンが新規ビジネス Linchpin.net[*35] をローンチする時、アントレプレナーのプライベートフォーラム dynamitecircle.com[*36] から開始した。ダミアンはそのグループのオリジナルメンバーの一人として信頼があったので、彼がビジネスオファーをポストすると多くの人がすぐさま反応した。

ダミアンのマーケティングオートメーションサービスは、最初の月次顧客をそのフォーラムから獲得し、それによって3000ドルの月額課金収益を得た。それは最初のスタッフ雇用を可能とするには十分の金額だった。そのスタッフはどこから調達したと思う？　もちろん、そ

*35 "Demand Generation Done for You," Linchpin, accessed July 21, 2014, http://linchpin.net/.
（訳注：2016年現在、アクセス不可）
*36 "DynamiteCircle," DynamiteCircle, accessed July 21, 2014, http://www.dynamitecircle.com/.

のフォーラムだ。

18カ月後、ダミアンのビジネスは3万ドル／月に達した。フォーラムには一定レベルの信頼関係があり、メンバーとしての地位があれば、多くの苦労はすでに解決済みとなる。WP Curve の最初の顧客も、同じフォーラムで獲得した。ダミアンがその人だ！

SNSグループも同様だ。これらグループの利点は、それが有料グループの場合、メンバーがあらかじめ顧客として精査されている、ということだ。グループのために金を払う意志と能力を持つ人は、あなたに金を払うことへのハードルも低い。

すでにこうしたグループのメンバーであるなら、そこはマーケティングを開始する格好の場となる。グループ内のルールを遵守し、過剰な売り込みは避けるよう注意しよう。グループ内での取引やフリー特典を提供するだけでも、リアルな顧客とのビジネスを開始するきっかけになり得る。まだふさわしい有料グループのメンバーでないなら、是非とも何か一つに飛び込んでみよう。

⑤ゲストブログ

ここまでコンテンツマーケティングについて触れてきたが、ゲストブログの素早いリード獲得力は、独立した章で論じてもいいくらいに感じている。

テリー・リンが金融業界にいた時、金融界隈で人気のゴシップブログがいくつかあった。フォーブスやウォールストリート・ジャーナルのようなビッグプレイヤーではないが、ボーナスや雇用、ニューヨーク・ロンドン・東京・香港・シンガポールといった都市の銀行員のライフスタイルを巡る記事を配信する、より小規模なブログである。

テリーが金融業界を離れ男性用アクセサリーのビジネス ballerleather.com*37 を開始する時、これらブログの一つに寄稿を持ちかけた。起業にまつわる彼自身の体験と、金融業界を離れてからの学びをシェアしようというものであり、そのユニークな視点は他のありふれた記事よりもかなり差別化されたものになった。最初の持ちかけから記事の配信まで、1週間もかからなかった。

記事はたった600語の短いものだったが、多くの金融業界の人々の関心を引きつけた。記事末尾のテリーのプロフィールには彼のビジネスへのリンクが付記され、その日のうちに700ドルの売上が得られた。

テリーがリアルなおもしろい記事をオーディエンスとシェアするために重視したのは、ただ正直に素直に書くことだった。別の決定的な要因として、彼自身のビジネスの理想的な顧客を熟知していたことが挙げられる。効果的なゲストブログはあらゆる形態のマーケティングに応

*37 Terry Lin, “BALLER Leather Goods Co.,” Baller, accessed July 21, 2014, http://ballerleather.com/.

用できる。つまり、それはターゲティングなのだ。あなたのメッセージを正しい見込み客の前に置けば、それは響く。しかし無関心な人の前に置けば、響かない。

⑥リスティングサイト

プラティーク・ダイヤルはSupportBee.com[*38]というヘルプデスクシステムを開発した。ローンチ時、彼は可能な限りのアプリ比較サイトにSupportBeeを登録したが、alternativeto.net[*39]に登録した時、彼のアプリはさまざまなヘルプデスクツールを比較しながら探している人々の目に付くこととなり、その日のうちに数人の無料のサインアップを獲得、さらに多くの課金ユーザーがそのサイトから流入した。

どんな業界にもこうしたリスティングサイトが存在し、さまざまなかたちでビジネスを紹介している。たとえば、

- ウェブデザイナーなら、すばらしいデザインをCSSディレクトリに登録できる。
- スタートアップなら、Betalist.com[*40]やKillerStarups.com[*41]といったサイトにビジネスアイデアを登録できる。

*38 Prateek Dayal, “The Easiest Way to Manage Customer Support Emails,” SupportBee, accessed July 21, 2014, https://supportbee.com/.
*39 “Social Software Recommendations,” AlternativeTo, Accessed July 21, 2014, http://alternativeto.net/.
*40 “Discover and get early access to tomorrow's startups,” Beta List, accessed July 21, 2014, http://betalist.com/.
*41 “Where Internet Entrepreneurs Are The Stars!” KillerStartups, accessed July 21, 2014, http://www.killerstartups.com/.

・イケてるランディングページを持つあらゆるプロダクト／サービスは、私なら人気のリスティングサイト、producthunt.com*42に登録するだろう。
・アプリを開発したら、Appvita.com*43あるいはCloudi.st*44に登録。
・自身のスキルに強みがあるなら、スキルと資格で人物をリスティングするサイトへ。
・他のアプリと連携するアプリを開発したなら、その連携リストに登録することができる。これはソフトウェアを見込み客の目に触れさせる優れた方法としてアプリ開発者にはおなじみの方法だ。私自身、Inform.lyの初期段階で多くの課金ユーザーをこの方法で獲得した。

どんな分野でもこうした可能性のあるサイトはググれば見つけられる。これらサイトのトラフィックには驚かされるだろう。ある程度のよいトラフィックが得られれば、多くのサイト訪問者、Eメールオプトイン、顧客もまた得られる。

⑦ウェビナー（オンラインセミナー）

2012年9月、ジョン・ドゥマスは毎日更新のポッドキャストentrepreneuronfire.com*45を開始した。さまざまなアントレプレナーたちと115話のエピソードを収録した直後の12月

*42 "Product Hunt," Product Hunt, accessed July 21, 2014, http://www.producthunt.com/.
*43 "Discovering web-based applications that just make life better," AppVita, accessed July 21, 2014, http://www.appvita.com/.
*44 "The cloud's list," Cloudlist, Accessed July 21, 2014, http://www.cloudli.st/.
*45 John Dumas, "Entrepreneur On Fire Business Podcast," Entrepreneur On Fire, accessed July 21, 2014, http://www.entrepreneuronfire.com/.

に、私は彼と話す機会を得た。その時点で毎月10万ダウンロードを達成していたが、収益にはつながっていなかった。それから18カ月後、ジョンは130万ドル以上を生み出していた。収益のほとんどはポッドキャスター向けオンライントレーニング、PodcastersParadise のメンバーシップの販売によるものだ。彼の月次レポート（2014年6月）では、メンバーシップの売上は13万4000ドルで、そのうちの86％がウェビナーからの直接収益だった。

ジョンが行ったのは、

- 大量のオーディエンスを獲得した。もちろん彼はここまで達成するのにある程度時間をかけたが、より小さなスケールでならもっとすばやく実現できただろう。
- Eメールアドレスと引き換えに無料の電子書籍を提供するのと同様に、アドレスを登録すると、ポッドキャスティングの無料のウェビナーについてのページに誘導する仕組みにした。
- ウェビナーはポッドキャストを始めようとする人々に大きな価値を提供するものだった。もっと情報がほしい人には有料コミュニティのメンバーシップを割引販売した。
- ジョンは毎週数百人のウェビナー受講者を獲得し、数千ドルを売り上げた。このプロセスの詳細は webinaronfire.com[*46] で紹介されている。

＊46 John Dumas, “Webinar On Fire,” Entrepreneur On Fire, accessed July 21, 2014, http://www.entrepreneuronfire.com/.

ウェビナーが肌に合うと感じられたなら、やってみよう。録画動画方式にすれば、最悪でも自分のサイトで公開する有益なコンテンツにはなるのだから。

⑧プレゼン

ローカルの対面イベントを開催するのはあらゆる長期的ビジネスの王道だ。ローカルの小規模ビジネスからグローバルなソフトウェア企業に成長した例として、Hubspot, Sonxtant Contact, SalesForce などがある。

アダム・フランクリンはローカルのワークショップ、ミートアップ、カンファレンスなどを開催し、参加者のウェブマーケティング活動を助け、次第に彼のウェブマーケティングファーム、BluewireMedia.com[*47] はリーダー的ポジションを得た。競合他社がSEO戦術とアドワーズに固執していたのに対し、アダムと彼のチームはライブイベントに注力したのだ。

イベントはそれ自体で収益性があったが、数え切れないリードと高品質なクライアントをビジネスに招き入れた。参加者がフィードバックフォームに「御社のサービスと連携したい」と書き込み、翌日にはクライアントになっている、といった具合だ。

また、このフィールドでのアダムの権威はわずか数年で急上昇し、"Web Marketing That

*47 "Strategic Advertising and Marketing Solutions," Bluewire Media, accessed July 21, 2014, http://bluewiremedia.com/.

Works" の著者として、そしてソーシャルメディア言論人として知られるようになった。
ライブのローカルイベントを開催することは、コンテンツマーケティングのパワフルな形態だ。他の方法論と異なる点は対面で行われることであり、それは顧客との強い結びつきとビジネスリレーションシップをよりすばやく育む。イベントは主催者をひるませる。誰も来なかったらどうしよう？　しかし挑む価値は十分に大きい。この分野のスキルに自信があるなら、躊《ちゅう》躇《ちょ》せずイベントに挑戦し、リード獲得の方法として活用しよう。

⑨タダ働き

意義のあるタダ働きのバリエーションはたくさんある。私はどれも大好きだ！

デレク・マーフィーは数年間、書籍の編集者として働いた後、自身の著作の装丁デザインを手がけ始めた。そして他の著者にも装丁デザインを無料で請け負うと申し出た。実際、本書の装丁もデレクが無料で担当してくれた（訳注：原著のデザイン）。

彼はインディ系の有名著者やブロガーたちから多くの謝辞や紹介を集めることができた。数百人の著者の装丁デザインを手がけた彼は、多くの有名ブロガーたちから推薦される装丁デザイナーとなった。

クリント・メイヤーが２０１０年にオンラインマーケティングのコンサルタント会社oracledigital.com[*48]を起業した時、動画でのＳＥＯチェックを無料で提供することにした。彼にアドバイスを求める人にも飛び込み営業でイエローページに多額を費やしている人にも提供した。

これらの努力は多くの有料顧客を生み出し、中には4年間で15万ドル以上を発注した顧客もいた。私はこのマーケティング戦略を愛しているし、いつも後れをとらないように気をつけている。以前、私は駐車場で１斤の焼きたてパンをもらった。もちろん本物だ。それは角にオープンしたベーカリーからで、きっとお気に召すでしょう、というわけだ。

実際私は気に入って、そのことをInstagramとFacebook、他にもあらゆるサイトに可能な限り投稿した。数週間後にはその地域の知人ほとんどがそのベーカリーを知っていた。今では地域の最も評判のベーカリーカフェとなっている。

ビジネス初期の主なチャレンジは、人々に自分のプロダクト／サービスを使ってみてもらうことである。使ってもらってはじめて、より完璧にするための多くの学びが得られるのだ。さらにビジネスの成長を促す推薦や紹介も得られるだろう。ただしこれは評判を広める施策であり、評価テストではないことに注意しよう。フリーユーザーは有料顧客とはまた異なる存在なのだ。

＊48 Clint Mayer, "SEO, Google Adwords, Data Analysis, Content Strategies, & CRO in Perth," Oracle Digital, accessed July 21, 2014, http://www.oracledigital.com.au/.
（訳注：2016年現在、アクセス不可）

⑩メディア掲載

プレスの注意を引きつけられれば、巨大なボーナスになり得る。もし適切にターゲットされるなら、顧客まで一直線だ。しかしより大きな利益はおそらく、結果的に得られる追加的な証明と信頼だろう。

WP Curve は WP Engine, ShoeString startups, LifeHacker, Forbes, inc.com, Fox News に取り上げられ、この契機によってダイレクトのサインアップ、ホームページのロゴ、多くのSNSバイラル、そして業界の注目など多くの成果が得られた。

PR会社に発注する資金はなかったので、私とチームは自分たちの手でメディアに働きかけなければならなかった。プレス掲載のために行ったことは以下の通り。

1 連載記事を持つ関連ジャーナリストをリスト化。

2 過去にメディアに掲載されたアントレプレナーの知人をたどり、ジャーナリストへのツテを得る。

3 我々のビジネスのあらゆる部分に注意を払い、ニュース性のある要素、ストーリーを探す。

*49 Tasnuva Bindi, "Tech startup becomes profitable in 23 days," Startup Daily, last modified July 31, 2013, http://www.startupdaily.com.au/2013/07/tech-startup-becomes-profitable-in-23-days-31072013/.

たとえば、私は12カ月間、金を失い続けたビジネスの後に、23日間でWP Curveで利益を出したこと。これをStartup Dailyに提案し、掲載された。[*49]

4 メディアにとりあげてもらえる機会があれば、すべてを投入した。クレイトン・モリスがアレックスにワードプレスについてしゃべりたいと触れた時、即座に行動。アレックスはニューヨークへのフライトを予約し、TV出演者のコースを受講、新しいジャケット（言っておくが700ドルだった）を買って、1週間後にはFox TV[*50]に出演した。

5 自分自身について語りまくった。収益の数字をすべてブログ[*51]で公開した時など、時に不快なこともやった。しかしこれが話題を呼び、ストーリーが広がった。

6 特に出来の良い記事を他のサイトに提供し、関係性を深めた。

クレイジーなまでのマーケティングの離れ技とは距離を置いてきたが、これらは疑いなく効果的であった。結局、ジャーナリストは、あなたのために特集したいわけではなく求めているのはストーリーなのだ。自分にまつわるあらゆる物事のなかにストーリーを探し、ジャーナリスト、インフルエンサーたちとよい関係を維持しよう。

これはたしかに時間もかかるが、ローンチにまつわるユニークなストーリーを売り込むことができれば、メディアに特集されるチャンスは近い。

＊50 Alex McClafferty, interviewed by Clayton Morris, "WPCurve takes WordPress to the next level," Fox News video, 6:25, March 21, 2014, http://video.foxnews.com/v/3372912504001/wpcurve-takes-wordpress-to-the-next-level/.
＊51 "Monthly report Archives," WPCurve, accessed July 21, 2014, http://wpcurve.com/category/monthly-report-2/.

本章は「マーケティング50の必勝法」であった、はずだが

この章はもともと「マーケティング、50の必勝法」として書き始めたが、ほとんどのテクニックは同じことを言っている、ということに気がついた。マーケティングとはつまりメッセージを適切な人々に、可能な限り効果的に届けることだ。あなたのメッセージを彼らに届けるために最善を尽くす、ことなのだ。

ユニークなサービスや無償で何かを提供し、注目を集めてもいい。広告枠を買ってもいい。パーティーを開いたっていい。

大切なことは、自身のユニークな強みを生かして顧客を獲得することである。ある人には、それは対面のネットワーキングかもしれない。別の人には、コンテンツづくりかもしれない。いくつかの選択肢を試し、効果が見込めたものには倍掛けで注力しよう。勢いを探し、響いたなら、もっと打つのだ。

5日目のタスク

取り得るマーケティング手段のリストをつくり、ローンチ後1、2週間のラフなプランとし

て構成してみよう。これを簡単に行うためのテンプレートは、http://7daystartup.com/ から入手できる。

6日目 目標を定める

すばやいビジネスローンチの利点は、リアルな顧客のリアルなデータが得られることにある。これはビジネスがインパクトを持つかどうかを判断する助けになるだろう。しかし、結果の良し悪しはどうやって判断できるだろうか？

事例のように離陸に成功した企業なら、このステップを気にする必要はない。Buffer や Dropbox といった企業なら、なんであれうまくいっているか否かを心配する必要はまったくなかっただろう。数千人もの人々がすでにサインアップしているのだから、結果は明らかだ。同様に、企業が完全に低迷している場合も判断に迷うことはない。

いずれにせよ、彼らは全体の1%だ。ほとんどの企業はその中間に位置するのであり、だからこそビジネスがうまくいっているのか否かを判断する何らかのフレームワークを持つことが重要となる。私としては「最も重要な一つの指標（One Metric That Matter＝ＯＭＴＭ）」をビジネスの諸段階にあてはめて考えたい。これはリーン分析から得られた概念だ。

ローンチ時には、サインアップした数と課金ユーザーの数を重視するのは理にかなっている。リーチ、マーケティング効果、価格の点から判断し、合理的な目標数値を設定しよう。

ビジネスにおいて、かなり挑戦的な目標設定がなされる傾向があるが、私がみるところこれはモチベーションを下げる潜在的危険性をはらんでいる。多くのビジネスはファンダメンタルが正しければ時間とともに自然に成長するが、立ち上げ間もない段階には超えなければならない大きなハードルが待ち構えている。ほとんどの人が、ビジネスの安定を確証しないうちに見かけ上の好成績を求めてしまうが、初期段階は少数の顧客に狙いを定め、現実的な月次成長率を設定しよう。

WP Curve の場合、最初の月に10人、あるいは500ドルの月額課金収益が欲しかった。そこから、毎月最低でも10％の成長率を最初の6カ月間の目標とした。これはかなりミニマムな目標値だが、ありがたいことに WP Curve はこれをはるかに上回る成績を出した。

私が過去に起業したどのビジネスも、私の第一目標は自分自身が見合った報酬を確保できる地点にできるだけ早く到達することだった。目安は常に年間4万ドルとし、この地点に到達したら、そのビジネスは継続可能と判断した。つまり、目標値を上方修正できる確信を得た、ということだ。

WP Curve では、最初の1週間で10人の顧客を獲得した。これは23日後には黒字化して、毎月10％の成長率を達成したおかげで6カ月後には見込み年俸4万ドルの目標を達成した。13カ月後にはその額は13万ドルに達した。

選択した指標は常に月額課金収益だった。1日目からスプレッドシートに記録し、共同創業者ごとの見込み年俸と毎月の成長率を算出した。

ビジネスはどれも個性があり、あなたの「最も重要な一つの指標（OMTM）」もまた異なるだろう。月額課金ビジネスは他に比較して理解しやすい。OMTMは、解約者数よりも多くのサインアップ数を獲得することだ。一方で、プロダクト販売やプロジェクトベースのビジネスではもう少し複雑だ。

OMTM目標値の設定に関する一般原則は以下の通り。

- サイト訪問者数やfacebookの「いいね」数などではなく、財務指標値とすること。
- 誰がサインアップしているかに注視する。知人しかサインアップしていないなら、一般的な指標にはなり得ない。

知人以外の顧客を獲得するまで、興奮はとっておこう

図表4 | 各段階でのOMTMの例

段階	計測項目	計測方法	成功の条件
問題／アイデアの検証	プロダクトにニーズはあるか？	もしサービス終了したらどれくらい残念かを現在の顧客にたずねる	40%が残念、あるいはとても残念と回答したら、おそらくイケる
MVPローンチ	サインアップ数	最初の1週間 / 1カ月でのサインアップ合計数	あなた次第。私の場合、少なくとも最初の1カ月で10人の月額課金顧客を求めた
ビジネスモデル検証	利益率	創業者が働いて生み出せる利益率	理想的には創立者抜きで計算上成長できる十分な利益率 パーセンテージは多くの要素に影響され極めて幅広くなる。私の月額課金の場合、およそ50%を目指す
成長	CPA（顧客獲得一人あたりの支払い額）とLTV（ライフタイムバリュー）	http://7daystartup.com/ のCPA計算機能を使って大当たり獲得コストを算出できる LTV：簡単なチャーン率は、一定期間内の登録解除数÷期間開始時の登録数	LTVはCPAより高いことが理想。この地点に達するまではしばらくかかるだろう

＊52
OMTM 測定財務指標スプレッドシートの例

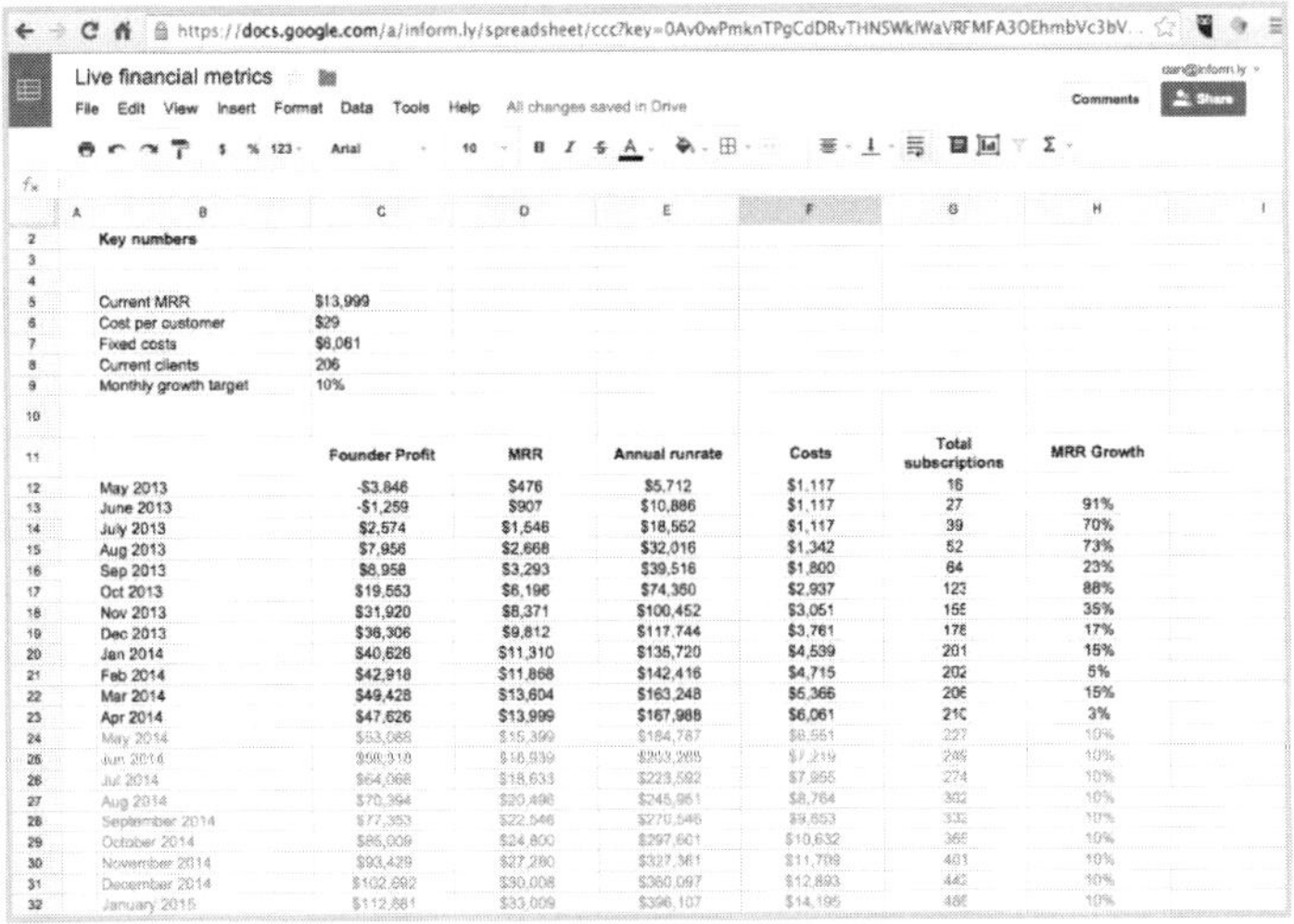
Live financial metrics

Key numbers	
Current MRR	$13,999
Cost per customer	$29
Fixed costs	$6,061
Current clients	206
Monthly growth target	10%

	Founder Profit	MRR	Annual runrate	Costs	Total subscriptions	MRR Growth
May 2013	-$3,846	$476	$5,712	$1,117	16	
June 2013	-$1,259	$907	$10,886	$1,117	27	91%
July 2013	$2,574	$1,546	$18,552	$1,117	39	70%
Aug 2013	$7,956	$2,668	$32,016	$1,342	52	73%
Sep 2013	$8,958	$3,293	$39,516	$1,800	64	23%
Oct 2013	$19,553	$6,196	$74,360	$2,937	123	88%
Nov 2013	$31,920	$8,371	$100,452	$3,051	155	35%
Dec 2013	$36,306	$9,812	$117,744	$3,761	178	17%
Jan 2014	$40,626	$11,310	$135,720	$4,539	201	15%
Feb 2014	$42,918	$11,868	$142,416	$4,715	202	5%
Mar 2014	$49,428	$13,604	$163,248	$5,366	206	15%
Apr 2014	$47,626	$13,999	$167,988	$6,061	210	3%
May 2014	$53,068	$15,399	$184,787	$6,561	227	10%
Jun 2014	$58,318	$16,939	$203,265	$7,219	249	10%
Jul 2014	$64,068	$18,633	$223,592	$7,955	274	10%
Aug 2014	$70,394	$20,496	$245,951	$8,764	302	10%
September 2014	$77,353	$22,546	$270,546	$9,653	332	10%
October 2014	$85,009	$24,800	$297,601	$10,632	365	10%
November 2014	$93,429	$27,280	$327,361	$11,709	401	10%
December 2014	$102,692	$30,008	$360,097	$12,893	442	10%
January 2015	$112,881	$33,009	$396,107	$14,195	486	10%

- 1カ月先の目標を設定し、毎月の実績と比較する。私のチームでは財務データのトラッキングにGoogle docをリアルタイムで活用した。手作業でのアップデートが必要となるが、それもまたモチベーションを刺激するし、会計システム上の古いデータに頼るよりもライブの数字を追うことができる。
  http://7daystartup.com/ から無料のテンプレートを入手できる。
- ビジネス上、すでに重要ではなくなった指標は計測し続けないこと。OMTMは何度も変更していこう。

右と上に2つの表を示す。右の表は各段階でのOMTMの例、上の表は典型的なビジネスにおける財務指標スプレッドシートの例だ。

＊52 40%, from Sean Ellis, http://www.startup-marketing.com/the-startup-pyramid/

ビジネスを経営するということは、はっきり白黒で判断できないのが真実だ。何かしらをつかめているのか、諦めるべきなのか、どうやって判断するべきだろうか？　これは私が受けることが最も多い質問の一つだ。残念ながら、私も真の答えは持っていない。期待に沿った何かをつかめていると感じられるなら、自分自身で判断するしかないのだ。

有料顧客の声を聞き、どれくらいの人が支払いを継続するかを注視していれば、大きく間違うことはないだろう。

6日目のタスク

最初の数カ月のサインアップ数、収益、概算コスト、月次成長率を網羅するスプレッドシートを作成しよう。http://7daystartup.com/ でテンプレートが入手できる。

7日目｜ローンチ

「最初のバージョンに気まずさを感じないなら、そのローンチは遅すぎる」

レイド・ホフマン（LinkedIn 創業者）

ローンチ日といっても、他の日と変わらない。リアルなデータの収集と有料顧客とリアルなビジネスを開始する重要な日だが、でもやはり普通の日なのだ。この日にすることは以下の通り。

- 購入ボタンを実装し、考え得るあらゆるコンタクト方法に対応したウェブサイトをライブにしよう。今日からあなたは可能な限り顧客及び見込み客と対話したいので、ライブチャット、Eメール、住所、電話番号、SNS[*53]プロフィールなどあらゆるものを盛り込むのだ。
- プリローンチリストに並ぶあらゆる人にEメールを送ろう。関心を持ってくれたことに感謝し、もし気に入ってくれたらサインアップを、とお願いしてみよう。
- SNS、フォーラム、グループなどあらゆるチャネルに投稿しよう。
- プロフィールや署名などを記載できるアカウントであれば、コール・トゥ・アクション（行動喚起）ボタンとともに更新しておこう。
- 知人およびプレスにニュースをシェアしてくれるようお願いしよう。
- ローンチまで助けてくれた人々にお礼を言おう。
- インフルエンサーたちへの告知を続けよう。ローンチ日にレビューを書いてもらうには早すぎるだろうが、告知しておいて損はしない。

＊53 私はwww.helloify.com というすばらしいチャットソフトのビジネスも運営している。

- ブログにローンチの記事をポストしよう。助力してくれた人々に感謝を示し、コール・トゥ・アクションボタンを追記する。
- アントレプレナー仲間にニュースをシェアしてくれるよう頼もう。もしこれまで90％の時間を彼らの告知に協力し、10％を自分からのお願いに充ててきたなら、彼らに助力を頼む時だ。
- 策定したマーケティングプランのリストを一つずつ実施していこう。人々に語りかけバズ（口コミ）を持続させるポッドキャストは、ローンチ日にはうってつけの施策だ。トラッキング（追尾）を開始し、どの施策が効果的かを注視しよう。
- 本書に従ってローンチまでこぎつけたら、ＳＮＳ経由で私に知らせてほしい（@thedannorris あるいは #7daystartup）。興味深いビジネスであれば拡散に協力するかもしれない。

最も重要なことは……気楽にやることだ！　ローンチがこれから築き上げるビジネスの勝敗を決することはほとんどない。Tropical MBA[*54]のダン・アンドリューは、ビジネス構築には１０００日かかる、と述べている。ローンチ日はたった１／１０００日だ。

7日目のタスク

ローンチし、マーケティングプラン実施を開始しよう。

*54 Dan Andrews, "The 1000 Day Rule: What Living the Dream Really Looks Like," TMBA, last modified September 8, 2011, http://www.tropicalmba.com/living-the-dream/.

Chapter

6

Refine Your Business Model

ビジネスモデルを精査しよう

「成長は単なる偶然では得られない。
それはあらゆる努力の結果だ」
ジェームス・キャッシュ・ペニー

おめでとう！　ついにローンチだ。プランニングとローンチは完了した。

しかし本番はこれからだ。今この瞬間から、リアルな有料顧客に果敢に働きかけなければならない。彼らが何に金を払い、どのページに滞留し、どのページに言及しているのか、つぶさに注視しなければならない。そして彼らの声を聴き、どうやってビジネスを成長させるかを考えるのだ。

そして何よりも、ビジネスの基盤となる収益性を確立しなければならない。それなくしてビジネスは決して成長することはないからだ。この点についてもう少し立ち入ってみよう。

プロダクトを開発し見事顧客を獲得できても、継続的に収益を伸ばさなければビジネスは生き残れない。ローンチ時点ですばらしいアイデアと有料顧客があるだけでは、これは保証されないのだ。継続的な成長には、自律的なビジネスモデルが必要なのだ。

ローンチの後に本章を配置した理由は、ビジネスモデルは大抵、顧客によって規定されるからだ。たとえば、我々が過去に手がけた月額課金ビジネスはどれも後に軌道修正した。あるプロダクトに毎月金を払うことに、顧客がよしとしなかったからだ。こういったことに頭が回るようになると、ビジネスを成長させることができるようになる。

ほんの数人の最初の顧客を獲得することの重要性をくどくど述べようとは思わない。それは基本的に難しいからだ。しかしここで立ち止まるわけにはいかない。あるビジネスは根本的にスケールしない構造にあり、あるビジネスはそのＤＮＡに成長の仕組みが書き込まれている。

成長しないビジネス

過去の私のビジネスは、そもそも収益性において成長する仕組みではなかったと述べた。どれだけ多くのビジネスがこの罠にハマっているかを知れば、きっと驚くだろう。それらのビジネスモデルは根本的に間違っており、成長は不可能だ。ただ数字が伸び悩む、それだけだ。

過去の私のビジネスを例に、何を行うべきだったのか考えてみよう。

1 起業に際し、もっとリード（見込み客）を確保しておくべきだった。リードが対面でのミーティングやコンテンツから誘導されてくる以上、セールス担当者やコンテンツクリエイターを雇うべきだった、ということになる。しかしこの2者を雇えば、ビジネスの利益は吹き飛んでしまっただろう。ビジネスのどの段階でも、その選択肢はなかった。雇用の余裕などまったくなかったのだ。

2　コストを上げることもできたかもしれない。短期的な収益は向上しただろう。しかし、ハイ・コスト／ロー・クオリティのビジネスはスケールしにくい。直接販売のマシーン化するために、セールス担当者が必要となっただろう。似たようなビジネスでこれに挑み失敗した事例をよく知る私としては、これは大きなリスクだった。競争の激しい分野だったので、ハイコストは売上低下に直結したのだ。

3　クライアント対応に手が回らなくなった時点で、私に代わるスタッフを雇うべきだった。クライアントはローカルの個人対応サービスに慣れていたので、私もローカルのマネージャーを配置するべきだっただろう。ある時点でそれを実行したのだが、当然ながらそれは利益を食いつぶし、持続できなかったのだ。

4　物理的にもっと多くの業務をこなすべきだった。業務は複雑だった。我々のチームにはライター、コーダー（プログラマー）、デザイナー、プロジェクトマネージャー、SEO担当者がいた。私自身もコンバージョンの最適化やコピーライティングなど多くのジョブをこなし、それらは外注で置き換えられるものと、そうでないものがあった。業務が複雑になるほど、より多くのプロジェクトマネージャーが必要となり、それは外注に置き換えることはできるが資金的に難しくなる。つまり、スタッフを雇うコストが跳ね上がる、ということだ。これらのコストは完全に利益を食いつぶしただろう。

結局のところ、2000ドルでウェブサイトを制作するビジネスにおいては、これらのことは何一つ実行できなかった。それはあまりにも負担が大きく、従ってある一定の線まではビジネスは成長したが、その先は転落する他なかったのである。

思いつくことはすべて試したが、ビジネスの収益性を伸ばすことはできなかった。売上が伸びればコストもストレスも同様に上昇し、利益は伸び悩んだ。このビジネスを成長させるには、一度すべてをご破算にしてふたたび一から構築しなおすしかなかった。

ビジネスモデルと、その実施におけるすべての判断が、会社が成長するかどうかに大きく影響するのだ。

成長するビジネスのＤＮＡ

そのビジネスを売却した後、私は深く自分自身と向き合った。自分が多くの間違いを犯したことを直視し、次は同じ過ちを繰り返さないことを確信したかった。

そしてもちろん、本書の読者にも同じ過ちを犯してほしくない。そこで、成長のＤＮＡを持つビジネスを構築するための５つの基準を以下に挙げたい。

❶利益率

ビジネスの初期に、それが利益を生み出すか否かを判断する、あるいは少なくとも予測することは簡単だ。

そのビジネスにまったく関係しない第三者の視点で考えてみよう。顧客のあらゆる体験はチームスタッフ、あるいはシステムによって提供される。顧客を維持するために必要なコストはどれくらいだろうか？　そしてそれはどれくらいの売上をあげるだろうか？

実際に許容される利益率の水準は多くの要素に依《よ》って決定されるが、たしかなことは一人ひとりの顧客にサービスを提供するコストよりも多い収入を確保しなければならないということだ。私のスタートアップの場合、理にかなうと判断したのはコストの2倍だった。売上の半分はコスト、半分は利益、つまり利益率は50%。もしひとりの顧客に月に50ドルのコストがかかるサービスなら、それを100ドルで売る、ということだ。

これは大雑把なルールではあるが、コストについて正直に言えば、多くの小規模ビジネスではここまで大きな利益幅を確保できない。

この問題を解決するために、私は私自身が提供するサービスの99%をカットし、外注のほうが効率のいいサービスだけを提供することにした。こうして私はそのビジネスにおいて50%のマージンを確保できた。

他にも方法があり得る。つまり、価格を上げるのだ。しかし、価格を上げることの罠についても警告しておきたい。コスト削減と同様、ある限度を超えることはできない。適正な利益率を確保し、その価格帯でより多くの顧客を獲得するほうがずっといいと私は考える。市場が十分に大きければ、それは限りない成長への戦略となる。

❷市場規模

私はニッチ・マーケットに興味はない。何を始めるにせよ、数年で１００万ドル規模、理想的にはそれ以上のビジネスを目指す。本書の読者も同様であってほしい。

成長するビジネスには、成長できるだけの市場規模が必要だ。そして最も避けたいのは、頭打ちによって勢いを失うことだ。大きな市場を狙うことの重要性は前述したが、それこそが成長を阻む非常に大きな要素であるから、ここでも繰り返す必要がある。

これは、どんな顧客にイエス、あるいはノーというか、という判断であり、ビジネスモデルの重要な一部である。持続的に成長するビジネスのために、自分が参入する市場に十分なポテンシャルがあることを確認しておこう。

❸アセット構築

前のビジネスを売却した時、プロジェクトベースの顧客にはあまり価値がないことを学んだ。

ウェブサイトと、その管理に毎月支払ってくれる顧客は有用なアセット（資産）となるが、単発プロジェクトベースの収入はそれには遠く及ばない。

新しい顧客と契約する時、アセットは増加しているだろうか？　ビジネスを回せば自然に増加するアセットは何だろうか？　アセットはビジネスの成長を助けるだけでなく、ビジネスを売却する時にも価値あるものとなる。

ビジネスは家のようなものだ。住んでいる時はそこを離れることは想像できない。しかし、その時は来る。いつでもそれは起こり得る。

あらゆる種類の知的財産がその好例ではあるが、すべてのビジネスでそれを保持できるとは限らない。


明日崩壊しない何かを、今日の仕事で生み出せたか？

❹シンプルなビジネスモデル

シンプルなプロダクト、シンプルなバリュープロポジション（価値命題＝顧客にとって価値があり、他社よりも自社が優位に提供できるもの）は、すべてをより簡単にする。エレベーター・ピッチから雇用のための拡大戦略に至るまで、ビジネスモデルが複雑であるほど、それがいつ軌道に乗るのかを予測することが難しくなる。計測できなければ、管理することもできないのだ。

Buffer や Dropbox など、ひとつの基本プロダクトによるビジネスは、まさに成長マシーンだ。スケーラブルな（巨大化する）ビジネスモデルのためには、30ものバリエーションのあるものよりたった一つのサービスに注力するほうがいい。これをしっかりと胸に刻み、決して揺るがず、勢いに乗ろう。

❺月額課金、予測可能な収益

月額課金に基づくビジネスモデルも、すべてをより簡単にする。さらに予測可能な収益、シンプルな測定基準、シンプルなゴール、一目瞭然の成長性とスケーリング、そしてモチベーション維持といったさまざまな利点が得られる。

創業から現在まで、私は常にＭＲＲ（月額課金収益）を毎日の手作業で確認することで、チームの士気を維持することができている。

月額課金ビジネスでは大抵、業績の悪い月とは単に他の月よりも成長が少ないだけである。

他のビジネスにありがちな、最高と最低を行き来するジェットコースターはここにはない。来月のもうけを増やし続ければ、毎月いい気分だ。シンプルなMRRモデルには固有の成長特性がある。方程式はシンプルだ。離れる顧客よりも多くの獲得顧客があれば、成長するのだ。

すべてのサービスに月額課金モデルがフィットするわけではないが、予測可能な収益を確保するさまざまな方法を検討してみよう。うまくいく見込みがあるなら、月額課金の要素をビジネスに導入する機会を真剣に検討しよう。それはより少ない顧客と関係を固めることを意味することもあるが、長期的な成長に寄与しない単発の顧客なら、距離をおいたほうがましだ。予測が芳しくなく、それでいてやるべきことが積み上がっている場合には、予測可能な売上が確保できる案件に集中しよう。

ビジネスモデルの例と判断基準への適合性

さまざまなビジネスモデルの例と、その判断基準に適合しているかを以下に示そう。

アセット	シンプルさ	月額課金モデル	成功例
可: 企業価値評価を見てみよう ○	可 ○	可 ○	dropbox.com
可： 月額課金の顧客リストは価値あり ○	可 ○	可 ○	wpcurve.com
可： 自社の物理的プロダクトとIPは他社に代替されないアセットだ ○	場合により可 △	可 ○	dollarshaveclub.com
可も不可もあり： 創業者依存の高さはアセットに結びつかず、一般にチャーンレート（退会率）が大きい △	可 ○	可 ○	tropicalmba.com/innercircle/

図表5 | ビジネスモデルの評価例①

基準	利益率	市場規模
SaaS (Software as a Service)	可: 極めて高利益率 ○	可: ニッチでなければ ○
サービス	可: SaaSほどではないにせよ ○	可: ニッチにハマらなければ △
月額課金／プロダクト	高いLTV(ライフタイムバリュー)により売り切りプロダクトより高収益 ○	可能性あり: 物理的プロダクトは巨大市場たり得る ○
会員制ビジネス	スケールしづらい: 一般的に創業者依存が高い ×	一般的には不可 ×

アセット	シンプルさ	月額課金モデル	成功例
可：自力で開発するなら ○	場合により可 △	不可 ×	backtotheroots.com
旬は短いが可能 ○	可 ○	月額課金プロダクトとしてはうまくいかない傾向あり ×	entrepreneuronfire.com/podcastersparadise
良質な顧客リストと高い月額課金を持っていれば可 ○	不可 ×	場合によりけり。100%月額課金にはならない △	bluewiremedia.com.au
不可 ×	パッケージ化も可能だが一般的には不可 ×	時々 △	主に大規模コンサル企業であり、本書の範疇外

図表6 | ビジネスモデルの評価例②

基準	利益率	市場規模
物理的なグッズ	可だが容易ではない: 利益率と配送が課題 ○	可 ○
情報商材	高利益率だが創業者依存も高い ○	時々 △
ローカルエージェンシー（地域に根ざした事業）	不可 ×	不可 ×
コンサルティング（プロジェクトベース）	おそらく可だがスケーラブルではない ○	一般的にはローカルマーケット ×

アセット	シンプルさ	月額課金モデル	成功例
不可	不可ではないがフリーランスはしばしば広範囲の業務を期待される	一般に不可	成功したフリーランサーはプロダクトベースのビジネスに移行する傾向
不可	不可	不可	スケールした実例は確かにあるがほとんど不可
不可	不可	不可	フランチャイジーは安定するが潜在成長力は小さい

図表7｜ビジネスモデルの評価例③

基準	利益率	市場規模
フリーランス（時間給）	請求できない業務が増えれば不可 ×	しばしば価格相場は厳しいが不可でもない △
ローカル飲食店	不可 ×	不可 ×
フランチャイジー（フランチャイズの加盟店）	不可 ×	不可 ×

すべて可のビジネスモデルならば、すばらしいと言える。そうでないなら、パーセンテージを上げる工夫が必要となる。Basecamp.com[*55]はプロジェクトベースのウェブエージェンシーとしてスタートし、十分な収益を稼いだ後に単発の仕事から脱出した。

ローカル飲食店はそれなりの創業者報酬が得られるだろうが、成長させるのが難しい。情報商材は爆発的な収益を上げるかもしれないが、数年後にも大きく成長はしていないだろう。

ビジネスのＤＮＡに成長要因を組み込み、継続的な収益向上とアセット構築を最適化しておこう。ほんの数年で、単に仕事に見合った報酬以上の、価値が得られるだろう。

＊55 Basecampはだれもが気にいるプロジェクト管理アプリだ。Basecamp, accessed July 21, 2014, https://basecamp.com/.

Chapter

7

14 Business Rules to Live By

ビジネスルール金科玉条

「勝利への唯一の道は、誰よりも早く学ぶこと」
エリック・リース

エキサイティングで収益の見込めるスタートアップを創造する道に立てたと期待している。最初の関門はローンチ、そして最初の顧客を獲得することだ。そしてさらに、ビジネスプランを検証し、自分自身の報酬をスケーラブルに確保していくこと。さて、それからどうするか？ビジネスを開始した今この時点から、あなたの判断が長期的な成功と失敗を分けることになる。ほとんどのビジネスは生き残れない。では、あなたのビジネスを成長させ続けるためにはどうするか？

数々の失敗にもかかわらず、私は8年の間ビジネスの現場にい続けることができた。以下に挙げるのは、今日この地点に私を導いてくれた、個人的なビジネス哲学である。

1 すべての予測はテストせよ

予測を積み重ねるよりも、すばやくローンチし、そこから得られたリアルデータを注視するほうがいい。これはローンチだけに当てはまるのではなく、およそあらゆる判断に適用できる一般的なビジネス原則である。

ローンチ前の予測のほとんどが、実際のビジネスにおいては外れることになる。

- iPhone 以前には、誰もがキーボードやタッチペンがモバイルデバイスには必要だと考えていた。5年後、ブラックベリーとタッチペンはほぼ消え失せた。
- 1970年代には、自宅にコンピュータを欲しいとは誰も考えなかった。今では誰もがポケットの中にコンピュータを持ち、ある人々は手や顔にまで装着している！
- 2000年代初期、誰もがデータをUSBメモリにコピーして満足していた。今ではDropbox を使っている。
- 2000年代、マスマーケットにおける電動スポーツカーなど不可能だと誰もが考えていた。10年後、テスラは電気自動車 Model S をマスマーケットに投入し、カー・オブ・ザ・イヤーを受賞した。

ビジネスの予測はドラマチックなものとは限らない。ビジネスシーンは目まぐるしく変化し、ささいなことは無視されるのだ。オープンな心を保てば、自分の予測、同じ業界の他者による予測は簡単にテストすることができるだろう。

- なぜ業界の誰もが同じやり方で行うのか？
- 顧客はあなたのどのサービスを本当に気に入っているのだろうか？
- なぜ人々はあなたのプロダクトを買わないのか？
- なぜ人々はあなたのプロダクトを買うのか？
- あなたのプロダクトは利用されているだろうか？
- どのように利用されているだろうか？
- なぜそれは愛されている？
- 人々はあなたについて他人になんて言っている？
- プロダクトのある部分は本当に必要だろうか？
- オフィスは必要だろうか？
- 名刺は必要だろうか？
- ロゴは必要だろうか？

右の例以外にも数々の先入観が業界に存在し、人々が新しいことにチャレンジすることを阻止しているのだ。そして、まだ試されてないことには大きなチャンスがある。たった一つの小さな発見が、まったく新しいビジネスやプロダクトの引き金になり得るだろう。

2 問題は起きてから対処せよ

ビジネスオーナーの多くは、いまだ存在しない問題の解決に時間を費やしている。ロブ・ウェイリングはこれを早計な最適化、と呼んでいる。たとえば、

1 顧客がひとりもいないのに完璧なクレジットカード決済システムを求める。
2 トラフィックがないのにウェブサイトを最適化する。
3 仕事がないのにスタッフを雇う。
4 業務に必要以上のシステムに投資する。

これらの判断は普通、問題が起きてからではすぐには対処できないだろう、と信じることから導き出されている。しかし、この推測はしばしば間違いである。これらの問題の多くはすばやく解決できるのだ。私自身の経験から例をひこう。

1 WP Curve は、ヘルプデスクを設置する前に200人の月額課金顧客を獲得していた。我々は Googleドキュメントや Trello、共有メールアカウントなどを活用していたが、ビジネスが成長した後、ヘルプデスク体制への移行は1日で完了した。

2 わずか77ドルで自分でつくったMVPサイトをローンチした。ビジネスの目処が立ち十分なトラフィック（2万ビジター／月）が得られた後、プロフェッショナルなデザインに1000ドルを費やし、1週間でライブにした。

今時、たいていのビジネス上の問題はすばやく解決できる。発生してもいない問題に時間を費やせば、価値ある時間と金を浪費するだけでなく、目の前のなすべきことから注意を逸らさせる。新規ビジネス立ち上げ時のチャンスとは、重要な問題はたった一つ、という点だ。それは十分な顧客がいない、ということである。その解決にこそ時間を費やすべきなのだ。

3 有言実行

約束を守ることは、ビジネス上の信頼関係を築くためにとても重要だ。提供するものがサービスであろうがプロダクトであろうが、約束したものを提供することを死守しよう。他にどんな能力があろうとも、約束したことを提供しないのであれば、結局その過ちは白日の下にさらされる。ビジネスにおいては評判がすべてであり、それは今後どんなビジネスを立ち上げようと影響は続く。少なく約束して多く提供するほうがよっぽどマシであり、最低限でも、約束した通りのものを必ず提供しよう。

4 ベストを基準に

不確定な要素が多い初期にはすばやくローンチすることが、重要だ。しかしクリアな見通しが立った時点では、クオリティ（質）がより重要になってくる。たとえば、WP Curve の最初のウェブサイトは私自身が3時間でやっつけで作成したものだった。しかしビジネスが継続できると目処が立った時点でつくった新たなサイトは、同業他社のどこよりも美しく軽いサイトであったと自負している。

これで十分だろうかと迷ったら、常にベストと比較しよう。

- 知人に3つのロゴ案から1つ選んでもらうのではなく、アップルのロゴと比較するのだ。遠く及ばないのなら、やり直す。
- ブログ記事を書いたら、KISSmetrics.com[*56]と比較する。及ばないなら、書き直す。
- ウェブサイトをローンチしたら、bench.com[*57]かsimple.com[*58]と比較しよう。及ばないなら、もっとうまくできるはずだ。

小規模ビジネスから業界リーダーと同じレベルにまで達するには多くの関門がある。あなたは業界のリーダーたちと比較され、未熟であれば、人々はそう見なすのだ。自らを業界ベストと比較することで、自らへの要求度を高め、理想に近づけよう。

5 他者と自分自身から学べ

いつまでも細かい問題についての社内会議はうまくいかないのでやめよう。自分より先に他社が行ってきたことを観察したり、すばやく判断した後に実際のデータから学べば、どんな問題であれ解決できるだろう。ささいなことについて議論にかまけていれば、根本的な問題を見逃してしまうのだ。

*56 "The @KISSmetrics Marketing Blog," KISSmetrics, accessed July 21, 2014, http://blog.kissmetrics.com/.
*57 "Bookkeeping services for your business," Bench, accessed July 21, 2014, https://bench.co/home/.
*58 "Online Banking With Automatic Budgeting & Savings," Simple, accessed July 21, 2014, https://www.simple.com/.

いつでも一歩退いて、誰かがすでにその問題を解決していないか自問してみよう

6 競合に学び勝て

エリック・リースの言葉がこれを最もよく説明している。

「スタートアップは、ただ何かをつくり、金を生み、顧客に奉仕するためだけの存在ではない。それは如何にして持続可能なビジネスを構築するかを学ぶために存在する。この学びは、アントレプレナーのビジョンを要素ごとにテストする絶え間ない実験によって、科学的に検証されている」

最も早く学ぶ企業が、勝利するのだ。なぜなら彼らは予測に基づいて判断しないし、先行者から学ぶからだ。競合他社が数々の仮説のどれがよいかなどと議論している間に、あなたは顧客から得た実際のデータを集めることで競争力を獲得できる。

エリック・リース曰《いわ》く「構築し、計測し、学べ」
マイケル・マスターソン曰く「構え、撃て、狙え」
ダン・ノリス曰く「ともかくやっちゃえ」

7 つねに自分抜きでビジネスを見る

つねにビジネスを俯瞰《ふかん》し入り込み過ぎてはならない、などということを信じないように。その両方を行うのが決定的に重要なのだ。しかしながら、自分がいなくてもビジネスが回り成長していくように、つねに意識しよう。自分がうまくできることはついやってしまいがちだが、もしそれが他の人に置き換え不可能なスキルなら、注意しなければならない。

簡単な方法として、そのビジネスがたとえば今の5倍の規模になった時にどうなるだろうか、と考えてみよう。WP Curve の場合、

- どれくらいの数の開発者が必要か（顧客数／開発者数）。
- どれくらいの数のプロジェクトマネージャーが必要か（顧客数／プロマネ数）。
- 顧客当たりの作業費、管理費、アフィリエイト費用はいくらか。
- 外注コンテンツ・クリエイター費はいくらか。
- 適正なマーケティング費用はいくらか。
- 会議、ビデオ機材などその他の適正な費用はいくらか。

これらを総合して、成長するビジネスの「リアル」な利益率を算出できるだろう。

8 勢いの源を求める

私は10以上の異なるビジネスアイデアを手がけてきたが、そのうちたった一つだけがビジネスとして離陸した。これについて私が行った最善のことは、私が勢いがあるものに注意を払い集中するということだった。

我々にとって、WP Curveの初年度の成果に目を細め、それをチームのすばらしい働きによるものと自画自賛できたならよかっただろう。しかし実際には、私は他の失敗したビジネスでやらかしたのと同じ大きなミスをしでかしていた。

- 理想的なプロフィールを持つ顧客を見逃し、間違った顧客層を追っていた（そのほとんどは後に解約となった）。
- チームは単価49ドルの仕事を4カ月間代理店に売り込み続け、業界1位のビジネスをローンチするという大きな目標から逸れていった。
- 価格を頻繁に変更し、また元に戻した。
- 数々の新サービスをローンチしたそのすべてが失敗に終わり、コアビジネスに費やすべき貴重な時間と注意を浪費した。

一度勢いが得られたなら、これらは大した問題にはならない。しかし職場によっては、こうした失態は職員の解雇の理由になり得るし、多くの企業を再起不能にさせる原因になり得るだろう。

事実、WP Curve はある失敗したプロダクトのために、3月初日に22人の有料顧客を失った。初日の成績はマイナス6％の成長となり、これを0％に戻すのが喫緊の課題で、月10％成長という目標は一度忘れざるを得なかった。結局、3月末時点では15％の成長を達成できた。

勢いはあったのだ。サインアップ数は増え続けた。

失敗するビジネスを担うのは過酷だ。自分はよくやっていると思っているし、たぶんよくやっているだろう。しかし何をどうしようと、勝利はない。プロダクトを改善し、自身のスキルを磨き、顧客と話し、本を読み、価格を変えても……すべて無駄だ。成功は手からこぼれ落ちていくものだ。

一方、物事が波に乗っている時には、どれだけ多くのミスを犯してもすべては正しい方向に向かう。案件をしくじり、いくつかの取引を失い、間違ったものに時間を浪費し、混乱して取り乱しても、すべては勢いよく動き続けるものだ。

私はこの12カ月で、その両極を体験した。失態続きで蓄えの90％を失ったスタートアップから、23日で黒字に転じ、初年度で月額課金契約を４００以上獲得したスタートアップまで。程度の差はあるにせよ同じことをしていたのだが。

勢いは力の源だ。うまくいっている事業に目をくばり、それをもっと行うのだ。

9 モチベーションを管理する

自分自身の個人的幸福とモチベーションは、ビジネスを成功させる上で最も重要なキーとなる。すばらしいビジネスを構築し、ある一定水準まで達したあと、モチベーションを完全に失った人々を多く見てきた。モチベーション低下に悩まされているなら、フォーラムに参加し、首謀者となり、共同創業者を探し、よく働くスタッフを雇ってから、自分が得意なことにたち戻ろう。警告のサインは真剣に受け取ろう。

月曜日は金曜日よりもエキサイティングであるべきだ。もしそうでなければ、なにかがうまくいっていない兆しだ

10 厄介な顧客は切ろう

厄介な顧客はあなたの時間を浪費し、自信を失わせ、モチベーション（と魂）を破壊する。

厄介な顧客との取引は、金では見合わない。

どんな厄介な顧客ももっといい顧客に置き換えられるし、大抵それは想像よりかなり早くできる。そのために費やす時間は、厄介な顧客を助けようとする時間よりもよほど価値のあるものだ。

我々チームは潜在的に厄介な顧客を嗅ぎ分け、サインアップ前に追い払う能力において誇りを持っている。また私は、チームが悪質な顧客を追い払うのも、自ら去ることも奨励している。私は善良な人たちと仕事がしたいのであり、我々チームは時間と穏健さを価値あるものと認めている。

一般的に、人は不合理なものだ。高い期待をいだいてくれる顧客はあなたのビジネスを後押しするが、ある種の不合理な人々はさっさと切り捨てるが吉である。

11 リテンション（継続顧客）に注力する

月額課金ビジネスを失敗させる唯一の要因は、サインアップよりも多い顧客の離脱である。

新規顧客を獲得するのは困難だが、失うのはたやすい。

顧客をつなぎ止めるためにあらゆる手を打たなければならないし、チャーンとなった顧客から得たデータはプライスレスの価値がある。

既存顧客に安定した価値供給ができているか、確認しよう。もし誰かが離脱したら、長ったらしい調査レポートではなく、これを送ろう。これはジェイ・エイブラハムのトリックである。

件名：なにかご無礼がありましたでしょうか？

本文：こんにちは、(顧客のファーストネーム)、貴殿は弊社サービスの登録を解除されたようですが、なにかご無礼がありましたでしょうか？

ほとんどの人がこのメールに返信し、あなたは離脱の本当の理由を知ることができる。理由を突き止め、浮上したあらゆる要因に手を打とう。

12 短絡思考にとらわれない

スタートアップを構築するのには時間がかかる。短期プロジェクトを追いかけローンチするのはたやすいが、それだけではアセットを構築できない。関連するあらゆるサービスをローンチすれば短期収入は向上するが、ビジネスを複雑にし、長期的にはダメージとなるだろう。

アントレプレナーの誰もが忍耐力を備えているわけではない。ならばあなたはそれに長《た》けよう。助けになりそうな2つのことを以下に示そう。

1 12カ月後までの予測を含むシンプルなスプレッドシートを使う。そこに現れる数字はモチベーションを鼓舞し、忍耐強く待つべき未来のリマインダーとして機能するだろう。

2 「まだまだイケる」という視点を持つ。ビジネスをはじめたころに私が自分に言い聞かせたことは「世界には7000万のワードプレスサイトがあり、そのうち少なくとも500のオーナーは、サイトで悩みたくないために毎月69ドルを支払うだろう」というものだ。こんなふうに考えれば、このビジネスの構築に注力すること以外にやるべきことはないと確信できる。これはモチベーションを高めると同時に、他の良さげに見えるものに気を散らされるのを防ぐ。

今日一日で成した結果が、どんなアセット構築に結びついているのかを長期的な視点で捉えよう。短期プロジェクトに目を奪われると、あらゆるチャンスと勢いを殺してしまい成長を妨げるのだ。

13 プロダクトに集中する

ビジネスを実行すると、困難なことが起こる。すべての専門家は〝持つべき〟テクニック、もしくは必要とするテクノロジーについて持論がある。そこに費やされるお金、時間、注意はどれほどのものだろうか。

疑いが生まれたら、プロダクトに立ち戻る。プロダクトを改善し、顧客の体験を改善することは、堅実な投資になる。

やるべきことが多すぎて圧倒されそうになったら、プロダクトを少しでもよくすることだけに集中しよう。それが最善の時間の使い方だ。

14 仕事を愛する

もしそうでないなら、何をやっても無駄。

シンプルな話だ。

エピローグ　さて、ここからどこに向かう？

Epilogue
by Dan Norris

本書がスタートアップを検討する読者にとって価値あるものであったことを願う。本書を読み進めるうちにアイデアが一つひらめいたなら、あるいは思いの外早くローンチできたなら、ひとまず成功ととらえてよいと思う。

そして読者が、私が犯したミスを繰り返すことなく、エキサイティングで収益性の高いはじめてのスタートアップビジネスを起業することを願う。

私がここでいうビジネスとは、あなたが「自分のために」行うビジネスではない。リアルで価値ある何かを生み出す器として世界に奉仕するビジネスである。

アドバイスは常に懐疑的に受け取り、自分自身の予測を含むあらゆる予測をテストにかけよう。顧客から学ぶことが何よりも重要なことだ。

成長を理解し、自分なしでも回るビジネスを理解し、それでいて自ら汗を流すことをいとわないでほしい。

困難な決断を早期に下すことは、より大きな成長と高い価値を後に生み出す。勢いの源を見いだし、順調な要因を継続し続けよう。

顧客の声を聴き、彼らが何をしているかを注視しよう。世界は広い。大きなマーケットでユニークな差別化ポイントを持ち、顧客の痛みと喜びに応えよう。あなたが提供できるものをスマートに構築できれば、無限に成長できる空間が広がっている。

すばらしいプロダクトを開発し、一つずつ丁寧に行い、「ノー」と言えるようになろう。これはあなたのビジネスなのだから。他のどの競合製品よりも、あなたのプロダクトを継続的に磨き上げよう。

競合よりすばやく動き、より早く学ぼう。新しい何か、新しい価値を創造し、そして、楽しもう。

参考資料

あなたのスタートアップの旅を助ける資料の数々を用意している。http://7daystartup.com/にアクセスし、それらをフリーダウンロードしてほしい。コメントを残してくれれば、それら資料は継続的に改良していこうと思う。

お願い

本書は（元々）フリー配布用に執筆されたもので、何の見返りも求めない。しかしもし気が向いたら、http://7daystartup.com/ へのリンクを知人間やSNSでシェアしてもらえるとうれしい。あるいは、アマゾンレビューを書いてくれてもいい。

これらの助力をもらえたなら大変うれしいが、もちろん、本書があなたにとって役に立ったなら、それで結構だ。あなたのスタートアップの旅に幸運を祈る。そして今後も互いに近況を交換しあえればと思う。方法は、

- 週刊メールリストに登録。私はすべてのEメールに目を通し、返事をしている。
  wpcurve.com/subscribe
- Facebookでフレンド登録あるいはフォロー。Wpcurve.com/facebook
- Twitterでフォロー。Twitter.com/thedannorris　wpcurve.com/twitter
- ツイッターハッシュタグで投稿。twitter.com/hashtag/7daystartup

謝辞

妻、キャティへ。私は30歳までにリッチになると言ったけど、君を感情のローラーコースターに道連れにし、すべての金を失った。傍《そば》にいてくれてありがとう。ごめんなさい。愛してます。

共同創業者アレックスへ。本書ではアレックスにあまり触れなかったのは本書が主に我々がWP Curveを起業する前までの事柄を扱ったからだ。アレックスは仕事上の妻のように12カ月を共にし、すばらしい何かを共に生み出し、そして親友となった。荒波に繰り出す船に乗り込み、今も共に舵取りをしてくれている。

エリザ・ドーセットと彼女のチーム writingbusinesswell.comへ。私のとりとめのない生原稿を、なにかしら読む価値のあるものへと編集してくれた。忍耐強く、良き友でいてくれたことに感謝したい。

カバーデザインとフォーマットを担当（訳注：原著のデザイン）してくれたデレク・マーフ

Acknowledgements
by Dan Norris

ィーに。私を燃え上がらせてくれたすばらしい成果物に、多大な感謝を。creativindiecovers.com で是非デレクの作品をチェックしてほしい。

ロブ・ウォーリングは、私にとって預言者である。彼はゼロからの起業家たちの精神的リーダーだ。最後の最後でロブが序文を書いてくれたことに感謝のしようがない。

ブリタニー・マクラファートリーとジェイニーン・ネスビットに感謝。アレックスと私をサポートし、WP Curve 応援部隊を指揮してくれたことに。

数年間にわたり私をインスパイアしてくれた、すべてのアントレプレナーたちとグループに感謝。特にジョン・ドゥマス、クリス・ダッカー、ブレント・シェファード、ダイナマイト・サークル、ジェイムス・シュラムコ、ダン・アンドリューズ、エリック・リーズ、スティーヴ・ブランク、ジェイソン・フリード、basecamp.com のDHH、ダミアン・トンプソン、ノア・ケイガン、ハイテン・シャー、ジェイソン・カラカニス、マット・ベレメア、ブレンドン・シンクレア、アダム・フランクリン、トビー・ジェンキンズに。

最後に、本書をレビューし、コメントし、事前告知をシェアしてくれた人々に感謝したい。

◉著者紹介

ダン・ノリス

起業家、コンテンツマーケッター。7年間の起業で失敗した後の2013年6月に、低月額料金でワードプレスの無制限のサポートを行う wpcurve.com を設立。その後、23日で収益化し、何千もの顧客にサービスを提供し、成功する。アマゾンの3カテゴリーでトップ10のベストセラーとなった本書は5カ国で翻訳され、世界中の数千人の起業家にインスピレーションを与えた。

◉訳者紹介

平野敦士カール

経営コンサルタント、株式会社ネットストラテジー代表取締役社長、社団法人プラットフォーム戦略協会代表理事。麻布中学・高校卒業、東京大学経済学部卒業。日本興業銀行、NTTドコモiモード企画部担当部長を経て2007年ハーバードビジネススクールのアンドレイ・ハギウ准教授とコンサルティング＆研修会社株式会社ネットストラテジーを創業し社長に就任。米国イリノイ州生まれ。著書に『プラットフォーム戦略』(共著、東洋経済新報社)、『ビジネスモデル超入門』(ディスカヴァー21)、『新・プラットフォーム思考』『カール教授のビジネス集中講義』(以上、朝日新聞出版)など多数。

http://ameblo.jp/mobilewallet/
https://www.facebook.com/carlatsushihirano/

7日間起業《なのかかんきぎょう》
ゼロから最小《さいしょう》リスク・最速《さいそく》で成功《せいこう》する方法《ほうほう》

2016年11月30日　第1刷発行

著　者　ダン・ノリス
訳　者　平野敦士カール
発行者　友澤和子
発行所　朝日新聞出版
〒104-8011　東京都中央区築地5-3-2
電話　03-5541-8814（編集）
03-5540-7793（販売）

印刷所　大日本印刷株式会社
ブックデザイン　遠藤陽一（デザインワークショップジン）

Published in Japan by Asahi Shimbun Publications Inc.
ISBN 978-4-02-331545-7